学术大师与中央党校

林振义 主编

中共中央党校出版社

图书在版编目（CIP）数据

学术大师与中央党校 / 林振义主编 . -- 北京：中共中央党校出版社，2023.3

ISBN 978-7-5035-7472-6

Ⅰ.①学… Ⅱ.①林… Ⅲ.①社会科学－科学工作者－列传－中国－现代 Ⅳ.① K825.1

中国国家版本馆 CIP 数据核字（2023）第 007759 号

学术大师与中央党校

策划统筹	刘　君
责任编辑	卢馨尧
装帧设计	一亩动漫
责任印制	陈梦楠
责任校对	马　晶
出版发行	中共中央党校出版社
地　　址	北京市海淀区长春桥路 6 号
电　　话	（010）68922815（总编室）　（010）68922233（发行部）
传　　真	（010）68922814
经　　销	全国新华书店
印　　刷	中煤（北京）印务有限公司
开　　本	880 毫米 ×1230 毫米　1/32
字　　数	156 千字
印　　张	9.75
版　　次	2023 年 3 月第 1 版　2023 年 3 月第 1 次印刷
定　　价	48.00 元
微 信 ID： 中共中央党校出版社	**邮　　箱：** zydxcbs2018@163.com

版权所有 · 侵权必究

如有印装质量问题，请与本社发行部联系调换

目 录

王学文
引导学员走近政治经济学的"高峰"　　1

艾思奇
一生致力于马克思主义哲学的中国化大众化　　27

尹达
从考古到史学研究　　55

范文澜
从国学家到马克思主义史学家　　75

张如心
理论教育战线上的"红色教授"　　101

杨献珍
一生在党校教育事业中"春风风人"　　125

何其芳
作为诗人、散文家和文艺理论家的国文教员   153

郭大力
将《资本论》带入马列学院讲堂的译学大家   179

冯定
追求应用的哲学和哲学的应用的教育家   203

吕振羽
革命与学术的完美结合   229

胡绳
在党校教学中开创近代史研究的新体系   253

黄松龄
大胆思考社会主义本质的理论先驱   279

后　记   302

王学文

引导学员走近政治经济学的「高峰」

王学文
引导学员走近政治经济学的"高峰"

王学文,原名王守椿,1895年5月生,江苏徐州人。1910年赴日本留学,1921年考入京都帝国大学经济学部,受教于著名马克思主义经济学家河上肇。1927年回国,当年6月加入中国共产党。1937年任中共中央党校教务主任、管理委员会主任。抗日战争初期,历任马列学院副院长兼教务处处长、中央军委总政治部敌工部部长兼敌军工作干部学校校长、陕甘宁边区银行顾问等职。解放战争时期,历任华北财经学院院长、中央财政经济部政策研究室主任、马列学院教授等职。他长期从事教育工作,先后在许多院校和党校讲授《资本论》、政治经济学与经济思想史,为国家培养了大批理论工作者与经济工作人才。新中国成立后,王学文长期在中央宣传部工作。1955年6月当选中国科学院哲学社会科学学部委员。他的学术兼职包括中国《资本论》学会理事长等。他是中共七大代表,第一、第四届全国人民代表大会代表,第一、第二、第三届全国政协委员,第四、第五届全国政协常委。1985年2月去世。

王学文一生从事政治经济学研究，致力于《资本论》和社会主义经济规律、财政经济等问题的研究，出版有《社会问题概论》《中国经济学概观》《政治经济学研究大纲》等论著。王学文早在20世纪二三十年代就提出了对中国半殖民地半封建社会性质的论证，这是他的一个突出理论贡献。

一、在党校课堂全面深入讲授政治经济学

1935年10月，中共中央到达陕北之后，就迅即决定恢复因长征而停办的"马克思共产主义学校"，并决定直接称为"中共中央党校"，由董必武任校长、成仿吾任教务主任。中央党校办学规模随着形势需要不断扩大，最高峰时共有15个班，整风运动前培训学员约3000人。①

当时，党中央把干部教育视为一项关系中国革命全局的战略任务，相继推出《延安在职干部教育暂行

---

① 参见赵理文主编：《中国共产党党校教育史》，中共中央党校出版社2014年版，第68页。

王学文
引导学员走近政治经济学的"高峰"

计划》《关于干部学习的指示》《关于在职干部教育的指示》等，对干部学习作出规定。1938年1月4日，中央政治局常委会议专题讨论中央党校工作，确定了中央党校各门课程的指导人："中国问题——洛甫指导；党与群众工作——陈云、康生指导；列宁主义——凯丰指导；政治经济学——王学文、张国焘指导。"[①]后来很长一段时间，政治经济学都是中央党校的必修课。王学文在中央党校工作期间，先后任政治经济学研究室主任、教务主任、管理委员会主任，日常事务性工作很繁杂，但他一直是中央党校政治经济学课程的主要授课人，亲自为学员讲授政治经济学及《资本论》。

受办学条件、师资力量等因素制约，当时许多人对中央的干部教育方针认识不到位，对于毛泽东提出的"马克思主义必须和我国的具体特点相结合""要学会把马克思主义列宁主义的理论应用于中国的具体的环境"[②]等论述没有深刻领会，教学上出现教条问题。毛泽东曾经批评过在学校的教育中、在在职干部的教

---

① 中共中央党史研究室张闻天选集传记组编，张培森主编：《张闻天年谱》上卷，中共党史出版社2000年版，第537页。
② 《毛泽东选集》第2卷，人民出版社1991年版，第534页。

育中存在的"理论和实际分离"的现象,批评"经济学教授不能解释边币和法币"。[①]王学文曾回忆说,当时学院学员曾给一位著名教授贴过一张墙报,说这位教授的讲课是:"马克思:……,恩格斯:……,列宁:……,斯大林:……,***(即这位教授):0。"意思是说,这位教授讲课只讲马、恩、列、斯怎么说,而完全没有他自己的话。对此,学员普遍不满意,出现了"讲课讲条条,考试考条条,学员背条条"的议论。[②]

王学文在教学中非常注重避免上述问题。他严格忠实原著,同时讲授方式又朴实无华,力求用马克思主义著作的科学性、革命性和逻辑性的力量引领学生,绝不哗众取宠。他经常教导学员,学习政治经济学要反对教条式的形式主义作风,如果不注意了解精神实质,未经深入钻研,即便看了书、听了课也还是讲不出来,更不要说运用到实际当中。他说,学习要记得、懂得,问能答出来,能经得起反驳。听过他讲

[①] 参见赵理文主编:《中国共产党党校教育史》,中共中央党校出版社2014年版,第80页。

[②] 参见赵理文主编:《中国共产党党校教育史》,中共中央党校出版社2014年版,第81页。

王学文
引导学员走近政治经济学的"高峰"

课的学员都反映他学识博大精深,讲课一丝不苟,讲究科学性与准确性,从不夸夸其谈。

王学文非常注意因材施教,每次讲授新课时,总是先了解学员的文化程度、社会经历以及他们的具体要求。讲课时有的放矢,深入浅出,循循善诱,亲切自然。当时使用的教科书是苏联列昂节夫的《政治经济学》,对马克思主义政治经济学特点只讲阶级性、党性,王学文感到讲得不够全面。在与一些同志研讨的基础上,他把马克思主义政治经济学概括为12个特点:科学性、统一性、完整性、历史性、发展性、预见性、阶级性、党性、国际性、革

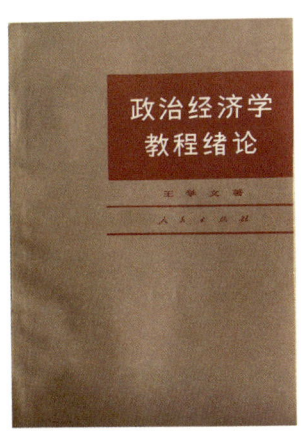

王学文《政治经济学教程绪论》

命性、战斗性、实践性，并逐个作了解释，相关成果还发表在 1940 年《中国文化》第 2 期上。同年，他写的政治经济学教学大纲发表在《共产党人》第 1 期上。这个大纲反映了王学文理论联系实际的基本观点：在各有关章节都强调要区别对待解放区、国统区和敌占区的实际情况。①

在延安期间，王学文还为延安日本工农学校讲授过政治经济学。这所学校创建于 1939 年，主要是对被八路军、新四军俘获的日军官兵进行教育改造。有一名叫香川孝志的学员，把王学文在课堂上用日语讲的《政治常识》详细记录下来并带回日本。他 1980 年 5 月 28 日给王学文写信说："先生，您深入浅出地把深奥的马克思经济学的基础理论讲得如此通俗易懂，使之成为日本士兵（当时的工人、农民出身的人，文化程度不高的日本劳动人民）也能够理解的学问，实在是一件了不起的事情。""这个讲稿至今仍供日本人民有觉悟的青年们学习。"②这些都充分体现了王学

---

① 参见刘海藩、朱满良主编：《中共中央党校名师》第 1 卷，中共中央党校出版社 2002 年版，第 220 页。
② 杨国光：《经济学家王学文的传奇革命生涯》，《百年潮》2012 年第 7 期。

文理论联系实际的育人之风。

王学文在中央党校主持教学日常工作期间，还着重加强制度建设，建立了一些基础性的制度，其中最重要的是学业鉴定制度，即对学员的学习情况进行考核或评定，以此促进学员的学习。他还对课程设置进行了改革。一开始，中央党校的学制为8个月。党校的学员多数是高级干部，公务繁忙，往往还没学完，中央就把他们抽调回工作岗位上了。因此，他提出学制缩短到6个月，即使如此，仍有不少同志中途被调出去工作。王学文调整了课程设置，采取前3个月开设3门课，后3个月开设3门课，使中途被调出或调入的学员也能学到完整的课程。这样因地制宜的改革，受到了学员的广泛好评。

二、首次以中国视角著书解读马克思主义政治经济学

1948年8月，王学文任华北财经学院院长兼研究室主任。时任华北人民政府主席董必武考虑到，全国解放后广大干部和大专院校师生迫切需要学习马列主义的读物和课本，就委托王学文编写《政治经济学教

程》。1949年6月，王学文到马列学院任教员、研究处副处长，主讲政治经济学，同时继续编写《政治经济学教程》。

当时，王学文事务性工作很多，同时还要授课，但他仍挤时间编写教材。他计划编写一部广义的政治经济学教程，分为绪论、由原始共产社会经济到封建社会经济、资本主义社会经济（包括帝国主义时期经济）、社会主义社会经济与中国新民主主义社会经济5个部分。第一部分《政治经济学教程绪论》（以下简称《绪论》）仅用了一年时间就完成了编写工作。

《绪论》坚持理论联系实际的原则，深入浅出地对政治经济学的对象、特点、任务和研究方法作了比较详细的论述，阐明了马克思主义政治经济学的一些基本概念和范畴，批判了资产阶级经济学家与各式各样修正主义者的错误观点，被称作马列主义政治经济学较详细的中国解释书。一些专家评价说，《绪论》在某些经济学问题上颇有独到之处，显示了作者独立思考、勇于探索真理的学术品格。

例如，关于生产力的要素问题，王学文没有按照斯大林的"两要素"说去讲，而是坚持马克思和恩格斯的传统观点，认为社会生产力是指人们同他们

王学文
引导学员走近政治经济学的"高峰"

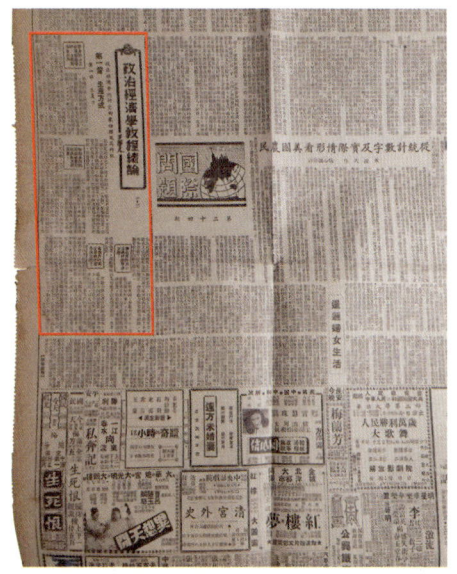

王学文《政治经济学教程绪论》在1949年10月21日的《人民日报》第5版刊载

所利用来生产物质资料的那些自然对象与自然力的关系,即生产过程中人与自然的关系。他认为生产力的要素,除了斯大林所说的"生产物质资料时所使用的生产工具,以及因有相当生产经验和劳动技能而发动着生产工具并实现着物质资料生产的人"[①]以外,还应

---

① 商务印书馆编辑部编:《马克思 恩格斯 列宁 斯大林论人口问题》,商务印书馆1960年版,第3—4页。

该包括"劳动对象",即人们在物质生产过程中,将劳动加于其上的东西。[1]他还举了秧歌剧《兄妹开荒》的例子,说如果只有劳动者和那把镢头,而没有土地和种子,则不可能形成现实的生产力。

那时候不按斯大林的观点讲,是个大问题,他的观点很快在学校引起争论甚至激烈反对。王学文没有随声附和,并不轻易改变观点,反而非常欢迎校内学者、苏联专家与他辩论。时任中央马列学院院长刘少奇得知此事,提出"在中央最后作出结论前,他有权不放弃和坚持自己的意见",对校内理论争鸣持支持态度,认为"组织上的压力不能解决任何理论问题,反而要阻碍理论的发展"。[2]而后,王学文坦然参加各类学术活动,坚持自己的理论观点。

1949年10月到1950年1月,《绪论》先在《人民日报》上连载。1950年6月,《绪论》由新华书店

---

[1] 中共中央文献研究室科研管理部整理:《刘少奇百周年纪念——全国刘少奇生平和思想研讨会论文集》(下),中央文献出版社1998年版,第1041页。

[2] 中共中央文献研究室科研管理部整理:《刘少奇百周年纪念——全国刘少奇生平和思想研讨会论文集》(下),中央文献出版社1998年版,第1042页。

王学文
引导学员走近政治经济学的"高峰"

出版，同年11月，《绪论》又由新华书店出版了普及本。1959年，周恩来肯定了"生产力三要素"的观点。1964年，毛泽东在中央工作会议上也讲了生产力三要素。1983年，经修订后的《绪论》由人民出版社再版。事实证明，王学文编写的教材经得起时间和政治的考验。而且，从目前掌握的资料看，王学文所著《绪论》是国内学者首次以中国视角解读马克思主义政治经济学的理论教材。

后来，尽管王学文大部分时间已不再执教，主要做经济研究工作，但还是热心于政治经济学教材编写工作。1956年4月，他专门撰写《编写政治经济学教材的几点意见》，提出教材编写总方针是按照马克思列宁主义、毛泽东思想研究社会各个发展阶段的经济运动过程，阐明其经济运动规律，联系结合中国社会经济的实际情况，编写有系统的、具有党性的、科学的政治经济学教材。他还提出，在编写教材的具体叙述上，要注意理论的展开与历史的发展，注意教材不是经济史（经济发展史）而是经济原理的阐述，注意要有分析、有综合；要系统地联系中外经济实际，尤其是在联系中国经济实际中，可以不只限于经济基础或经济本身，还可以联系到上层建筑与经济基础的关系；对于经济政策和经济规律也不能混同起来，要分而论之，强调"理论必须成为经济实际的反映"。这些重要见解，对社会主义建设初期干部教育培养尤其是经济理论修养方面的教育培养，发挥了重要作用。

三、以科学态度引领学员学习政治经济学

政治经济学是马克思主义的三大组成部分之一。它既是马克思主义在中国传播的重要内容，也是马克思主义中国化的重要方面。当时，中共中央党校、中央马列学院的学员都是长期在一线工作的干部，有些学员文化水平不高，对学习政治经济学有畏难情绪。

王学文总是对学员们说，政治经济学是科学、是真理，是有系统统一的东西，是深入本质、阐明经济规律的东西。它所观察的虽然是经济现象、经济事实，但并不停留在现象事实上，它要深入本质掌握规律，因此，就需要科学头脑、科学知识、抽象分析判断等能力。对于没有这种素养、不习惯这样思索分析的人来说，政治经济学是难懂的；但是难懂，并不是不能学习、不能克服的困难。经验告诉我们，只要努力学习深入钻研，是能够打下基础的。当然这并不是短时期所能做到的，需

王学文
引导学员走近政治经济学的"高峰"

要长时期不断的努力,坚持不懈地学习下去,日积月累,才会逐步生根长干长枝叶以至开花结果。

当时还有学员觉得,政治经济学和实际的经济政策相距甚远,无法指导实际工作。王学文纠正了这种观点,指出这只是不理解政治经济学的表面看法。他说,我们学习政治经济学,掌握了经济上的原则与规律,就可以知道这些原则与规律是存在于经济现象与经济政策之中的,有着密不可分的关系;通过经济现象和经济政策,又可以进一步认识经济原则与经济规律。他举例说,有些干部或者直接管理生产,或者从事生产的劳动有几年时间,对于劳动是熟悉的,但一提到具体劳动与抽象劳动就感觉不易懂,其实具体劳动与抽象劳动就存在于实际的劳动之中,每个劳动者都能说出劳动有两种不同的东西,只是不知道具体劳动与抽象劳动的科学用语而已,我们把劳动者的劳动与政治经济学上的劳动二重性联系起来,就可以知道经济上的理论是由实际来的并且与实际有密切联系的。[①]

对于专门学习研究经济学的同志和实际从事财经

---

① 参见王学文:《王学文经济文选》,中国时代经济出版社2011年版,第43页。

工作的同志，王学文在教学上有更高的要求。

一是要在了解政治经济学原则规律的基础上深入钻研、加以消化，掌握其中的精神实质。他形象地举例，假如问你什么是政治经济学？你根据一个教本回答是：研究人类历史上支配物质生活资料（包括生产手段与消费资料二者）的生产与分配的规律，或者根据别的书籍中的定义作类似的解答，这第一步是答对了。再进一步问什么是生产规律与分配规律？生产规律与分配规律如何支配人类历史各个时代物质生活资料的生产和分配？如果答不出来，或者答的还是词句的、表面的、肤浅的说明，经不得再问，那是还没有学通。

二是要学会理论联系实际。他指出，经济理论和经济的实际情况相结合，有人类社会历史上各个时代经济运动规律与各个时代经济情况的结合，有一个时代经济运动规律与一个时代经济情况的结合，有一个时代经济方针经济政策与当时经济情况的结合，等等。总之，理论与实际情况相结合有种种方面，有种种不同的情况。[1]

---

[1] 参见王学文：《王学文经济文选》，中国时代经济出版社 2011 年版，第 85 页。

王学文
引导学员走近政治经济学的"高峰"

理论联系实际，需要有一定过程与一定条件，就是说需要花费一定时间，经过一定的培养锻炼，需要了解经济情况，掌握经济理论。在学习中，同志们需要努力学习，在经济理论上提高自己，不断地学习与实际联系，自己不懂，可以请教别人。在工作岗位上的同志，要积极提高自己的经济理论，同时要努力熟悉自己的业务，经常地注意理论与实际结合。

王学文教育学员们，真理是具体的，现象是复杂的，只有深入钻研，融会贯通，才能了解其实质。反复钻研是必要的，只有经过一定时期、一定过程、不断的努力，才能深入，才能钻进去，了解其深奥，掌握经济的原则与规律，正所谓"钢梁磨绣针，功到自然成"。马克思主义政治经济学是一门科学，学习科学是一项长期的工作，并不是不费脑筋马马虎虎能学好的。正确的学习态度是不怕困难、不轻视、不马虎，积极努力，深入钻研、坚持不懈。这样才能次第得到政治经济学的知识，掌握经济理论原则与规律，学会理论与实际结合，或将实际提到理论原则的高度。自己深度不够，就向深度努力，自己广度不够，就向广度努力，勿骄、勿躁、勿懈、勿馁，由小而大，由少而多，由易而难，由近而远地做下去。他还肯定了一些担任领导干部的学员自己动手搞经济研究的做法，指出这样自己先搞通，再领导别人，并联系到本部门的工作，学习更有成效。

四、一生潜心研究和讲授《资本论》

王学文作为经济学家，在全身心投入教学工作的同时，醉心于《资本论》的研究。他一生与《资本论》结下不解之缘，不论环境多么恶劣，不论工作如何变动，《资本论》始终没有离开过他的身边，买书也主要是买与《资本论》有关的书籍。遇到经济理论上的疑难问题必然求教于《资本论》。他精通日语，又懂德

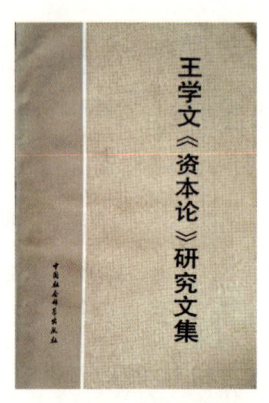

《王学文〈资本论〉研究文集》

王学文
引导学员走近政治经济学的"高峰"

文和英文,因此读《资本论》经常是几种文字对照着读,逐章逐句反复推敲。他强调研究《资本论》首先要读原文,要忠实原文,引证必须以原文为依据,只有这样,才能真正领会其精神实质,才谈得上运用。

1958年至1963年,王学文先后在中央宣传部、北京大学和中央党校等处讲授《资本论》。他始终保持敬畏态度,又从头至尾认真细致地研读《资本论》,参阅国内外大量资料。他在不同场合讲,总是讲一遍修改一遍,经过5年的辛苦钻研,终于完成了《资本论》一至三卷的全部讲稿,当时中央党校还把讲稿作为教材铅印发行。

在《资本论》的教学中,王学文很注重引导学员用对方法、端正态度。

一是要系统学习、融会贯通。他说,《资本论》三卷是科学的、系统的著作,要想好好地了解《资本论》,必须系统学习,不是摘要、纲要等类书籍所能代替的,必须按照其理论体系,由第一卷到第二卷到第三卷,一篇、一章、一节地读下去,才能了解其全貌。鉴于不同的学员对《资本论》的理解有不同的进度和程度,这方面他从不提倡"平均主义",但都要求学员必须把融会贯通当作努力的目标,只有读懂、读通,才能了解这门科学,掌握其理论,成为自己的东西。

二是要从资本的运动过程了解《资本论》的全貌。王学文对学员们介绍,《资本论》第一卷研究的是资本的生产过程(直接的生产过程),本质上是剩余价值的生产过程;第二卷研究的是资本的流通过程,本质上是剩余价值的实现过程;第三卷研究资本主义生产的总过程,本质上是剩余价值的分配过程。因此,要了解《资本论》,必须从动的方面来了解,不只要了解资本的构成,还要了解资本的运动过程,尤其要了解资本的运动过程中的内在矛盾及其解决,和资本有关的各种经济因素,如商品、货币、价值、价格、剩余价值、利润等也必须从运动过程方面来了解,从其矛盾的运动与展开和解决来了解,才能得到比较全面的、深入的了解。

三是要有重点地学习。王学文说,《资本论》包括许多方面的知识,有人称其为"百科全书"。如果没时间全部阅读,可以把重点放在资本主义经济运动过程的阐述上,关于经济发展史、经济思想发展史的部分暂且略去。他还提示学员,学习经典著作,抓重点并不只是抓中心的一点,要抓中心,也要抓围绕中心、联系中心的其他因素,否则就不能成为中心、成

王学文
引导学员走近政治经济学的"高峰"

为重点。弄明白中心、重点的外围因素，才能较全面地了解这部著作。

四是要"钻进去"。王学文在教学中强调学习《资本论》要多加思考，深入钻研，特别是不易了解的部分，要细心阅读，充分考虑，"钻进去"就觉得有味道了。他还很具体地指出，"钻进去"就是要一层一层地深入学习，多问几个"是什么""为什么"，多用对照比较的方法，如果能够自问自答得比较完全准确了，对问题的了解就算比较深入了；如果能深入掌握经济现象的本质、内在矛盾、内在联系，就不是表面的、肤浅的了解了。

五是要"钻出来"。也就是要能够联系实际。他说，我们钻研《资本论》的目的就是联系实际，解决实际问题，如果"钻进去"却"钻不出来"，就是教条主义、"学究"作风。《资本论》虽然研究的是资本主义生产方式与其相适应的生产关系与交换关系，但有若干地方提到社会主义以至共产主义经济，并且有原则的指示；有些地方虽然是论述资本主义经济，但对于社会主义经济和共产主义经济也能够适用；其中许多地方不只论述资本主义的经济原则，也提到适用于几个社会经济以及一切社会经济的原则，这些都是我们联系实际的重要参考。他鼓励学员结合《资本论》的学习，加强对社会主义经济的各种问题的思考，联系实际进行调查研究，到农村、工厂、商店和其他经济单位参观调研，向农民、工人、店员和其他经济工作人员学习，请经济领导机关负责人作报告等。这些都是很好的方式。王学文是这样说的，也是这样做的。他的学生、曾任中央党校副校长的范若愚说过："王老一生研究经济学经历的过程，也正是'钻进去'又'钻出来'的艰苦过程。"[1]

他和学员在一起的日子，从来都是把自己当成其中的一分子，与大家坦诚相见。那时候，他的窑洞里经常灯火通明，人来人往，是学员们很爱去的场所。1982年，时任中央宣传部部长的邓力群在祝贺王学文从事理论、教育工作55周年座谈会上的讲话中说道："他是我们党内堪称模范的老同志之一，为我们党哺育、培养了一大批理论骨干，为我们党的事业作出了重要的贡献。"[2]

---

[1] 刘海藩、朱满良主编：《中共中央党校名师》第1卷，中共中央党校出版社2002年版，第226页。
[2] 史先民：《中国社会科学家联盟资料选编》，中国展望出版社1985年版，第198页。

王学文
引导学员走近政治经济学的"高峰"

1982年5月,时任中央党校教育长的宋振庭在《光明日报》上撰文讲到:"王老给我突出的印象是,对待同志十分热情、亲切、朴实,而这正是白区生死患难的同志关系的好传统。尤其对于我们当时一些青年人,几乎是有问必答,不问也找我们谈谈心。王老对自己要求很严格,党性很强,很多活动他都带头参加。在我们这些青年同志的眼中,这就是共产党人的典型形象。"[①]

曾任东北军区政治部主任的莫文骅中将在回忆文章中说,自己在经过十多年战斗、缺乏政治理论而又做负部分责任的工作时到党校学习,面对理论学习的苦恼,幸得王学文在政治经济学方面的指导,产生强烈的求知欲望,从硬着头皮啃《资本论》,到从中开阔眼界、学到了马克思治学的严谨态度和方法,使自己的政治经济学的水平,从无到有,受益匪浅。

中宣部原副部长王惠德回忆在延安时听王学文讲课的情景。王惠德当时不理解剩余价值的有关论点,

---

① 刘海藩、朱满良主编:《中共中央党校名师》第1卷,中共中央党校出版社2002年版,第223页。

当即对老师王学文提出反驳并陈述自己的观点,言辞还相当激烈。王学文听后,许以微笑,表示课后继续讨论。几十年后,王惠德感慨道:王学文老师真是一个极有涵养的忠厚长者,他宅心仁厚,包容体谅,激励自己做一个像他一样的光明磊落的共产党人。

王学文常常鼓励别人说,学习的过程中是要克服些困难的,而且非有经常性、坚持性、下定学下去的决心不可。不要怕困难,要有不畏险阻攀登世界高峰的决心和毅力,社会科学的高峰不同于自然界的高峰,高峰之上还有高峰。我们只有面对矛盾问题去了解矛盾问题,才能清楚地认识矛盾问题,面对困难去了解困难,才能清楚地认识困难。不要随意中断,不能"一曝十寒"。在理论研究上,也是多劳多得,少劳少得,不劳不得,别人不能代劳。王学文的这番话,对于我们今天做好理论学习和不断攀登社会科学高峰有着深刻的启示意义。

王学文
引导学员走近政治经济学的"高峰"

参考文献

1. 王学文:《王学文经济文选》,中国时代经济出版社2011年版。

2. 王学文:《王学文〈资本论〉研究文集》,中国社会科学出版社1982年版。

3. 王学文:《政治经济学教程绪论》,人民出版社1983年版。

4. 杨国光:《经济学家王学文的传奇革命生涯》,《百年潮》2012年第7期。

5. 刘海藩、朱满良主编:《中共中央党校名师》第1卷,中共中央党校出版社2002年版。

6. 中共中央党校教务部选编:《中央党校老讲稿》,中共中央党校出版社2017年版。

7. 吴介民主编:《延安马列学院回忆录》,中国社会科学出版社1991年版。

艾思奇

一生致力于马克思主义哲学的中国化大众化

艾思奇
一生致力于马克思主义哲学的中国化大众化

艾思奇，原名李生萱，1910年3月生，蒙古族，云南腾冲人。在父兄影响下自幼受到文化和哲学熏陶，曾两度赴日留学，1931年九一八事变后回国，在上海参加左翼思想文化运动，1936年出版《大众哲学》而成为著名哲学家。1937年赴延安工作，先后任抗日军政大学主任教员，马列学院哲学研究室主任（1941年7月，马列学院改组为中央研究院，任中国文化思想研究室主任），中央宣传部文化工作委员会秘书长、《中国文化》杂志主编，《解放日报》编委会委员兼副刊部主任、副总编、总编等职务。1948年10月起到中央高级党校（马列学院）工作，先后担任哲学教研室教员、教研室主任，中央党校党委常委、副校长等职务。1955年6月当选中国科学院哲学社会科学学部委员。中共七大、八大代表，第一、二、三届全国人大代表。1966年3月因病去世。

一、让马克思主义哲学走进人民大众之中

艾思奇的父亲李曰垓是京师大学堂第一期学生，有很好的文史功底，对先秦哲学尤有研究。他教导艾思奇做人道理和读书方法，曾说：无论作诗写文章，应像白居易那样，务使人人能读，妇孺皆知。他的哥哥李生庄就读于东南大学哲学系，专业为西方哲学。艾思奇的哲学启蒙得自于父兄的影响。在云南省立第一高中读书期间，参加进步学生运动，接触和了解了马克思主义。留日期间，虽然学的是采矿，但业余坚持研读马克思主义经典著作，曾用半年时间研读黑格尔《逻辑学》。他说过："我总想从哲学中找出一种宇宙人生的科学道理，但古代哲学却很玄妙，都没有

艾思奇《大众哲学》

艾思奇
一生致力于马克思主义哲学的中国化大众化

说清楚，最后读到马克思、恩格斯的著作，才豁然开朗，对整个宇宙和社会的发生和发展，有了一个比较明确的认识"[1]。1932年到上海后，他先在泉漳中学任理化教员，并加入党的外围组织，从此走上研究和宣传马克思主义哲学的道路。

上海时期，在短短6年时间里，艾思奇的哲学研究和写作激情得以集中爆发。1933年6月，他在党的刊物《正路》创刊号上发表哲学处女作《抽象作用与辩证法》，开始使用"艾思奇"的笔名，从此一发而不可收，作品迭出。1934年11月，作为《读书生活》杂志编辑的他开始在该刊创刊号上连载他的成名作《哲学讲话》（从第四版改名为《大众哲学》），每期发表一篇，到1935年11月全部发完。1936年1月由读书生活出版社出版单行本，成为一本畅销书，在解放前短短十余年时间里发行30多版。这本书用人们身边的生活实例、通俗易懂的语言、生动活泼的形式，阐明了马克思主义哲学基本原理，使"新哲学"开始走到人民大众中去。

---

[1] 艾思奇文稿整理小组编著：《一个哲学家的道路——回忆艾思奇同志》，云南人民出版社1981年版，第321页。

当时，在延安开始利用相对稳定的环境钻研马克思主义哲学的毛泽东，很欣赏《大众哲学》，视之为"通俗的而又有价值的"优秀读物，除要求作为学校和部队提高干部政治文化水平的教科书之外，还向中央领导同志推荐。这部书适应了革命斗争的需要，起到了马克思主义的启蒙作用，成千上万的青年在它的影响下奔向革命道路。蒋介石曾哀叹："一本《大众哲学》，冲垮了三民主义的思想防线！"[1]

《大众哲学》虽然是通俗读物，但并不是简单介绍哲学原理，它有多方面的理论贡献，对马克思主义哲学的唯物论、辩证法和认识论思想都有一些丰富和发展，突出表现在认识论方面。正如李公朴在该书第一版《序》中指出的："作者对于新哲学中的许多问题，有时解释得比一切其他的著作更明确。虽然是通俗化的著作，但也有许多深化的地方。尤其是在认识论方面的解释"。[2]

---

[1] 卢国英：《一代哲人艾思奇》，《高校理论战线》2009年第6期。

[2] 艾思奇：《大众哲学》，新华出版社2001年版，第233页。

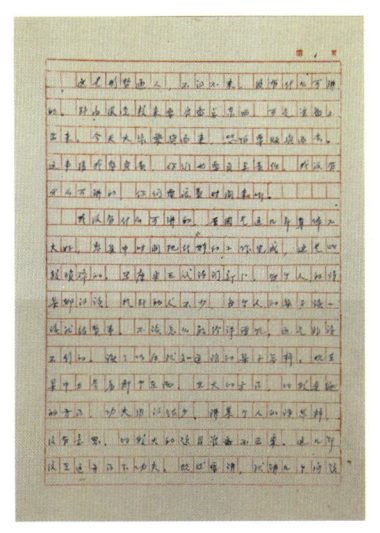

艾思奇
一生致力于马克思主义哲学的中国化大众化

艾思奇手稿

艾思奇在上海期间，为了回答读者提出的问题，在《读书生活》杂志上写了一系列读书问答，结集成《哲学与生活》，由读书生活出版社 1937 年 4 月出版。这也是一部把马克思主义哲学通俗化、大众化的著作，毛泽东在 1937 年 9 月读这本书时作了 19 页的摘录，并给艾思奇写了一封信，留下了珍贵的手稿。这一时期，艾思奇还主编大型理论刊物《认识月刊》，出版《知识的应用》《如何研究哲学》《新哲学论集》《思想方法论》等著作。他与人合译了苏联哲学家米丁等的《新哲学大纲》，对在我国介绍马克思主义哲学原理方面起过积极的作用。这一时期，他还与所谓的"用哲学来反共"的反动文人叶青进行论战，揭露了叶青哲学的诡辩性与欺诈性，扩大了马克思主义哲学的影响。这样的论战，延续到延安时期，揭露了叶青在马克思主义中国化问题上的荒谬与错误，对于毛泽东思想的形成与发展、对于马克思主义哲学的传播和发展，起到了重要的促进作用。

从1937年10月上旬到达延安，到1943年初艾思奇站在理论教育的第一线，他先后在抗日军政大学、陕北公学、马列学院等校任教。同时，他孜孜不倦研究和宣传马列主义，特别是在宣传毛泽东思想方面，在理论联系实际方面，成绩尤多。1938年，根据毛泽东的提议，他和何思敬主持成立延安"新哲学

艾思奇《辩证唯物主义讲课提纲》《新哲学大纲》《毛泽东对马克思主义哲学的贡献》

艾思奇
一生致力于马克思主义哲学的中国化大众化

会",推动了延安和全国各解放区对马克思主义哲学的研究。1939年春,他参加毛泽东带头组织的哲学小组。小组每周活动一次,每次总是由毛泽东提出问题,让大家准备,然后一起讨论。其后,艾思奇担任中央宣传部哲学小组的指导员,为每周的学习事先编写提纲下发,会上大家围绕提纲研究讨论,最后由他作总结性发言。1939年3月,受组织委托,他编辑出版《哲学选辑》,选录了当时延安所能找到的新哲学著作里的精华部分,附有他自拟的《哲学研究提纲》,共6个部分,每节附有若干思考题和参考书目。同年6月,他和吴黎平合编《科学历史观教程》一书,作为当时开展世界观和人生观教育的通俗教材。

1940年2月,艾思奇担任大型理论刊物《中国文化》的主编,除负责审稿外,几乎每期都撰写专论,如《论中国的特殊性》《抗战中的陕甘宁边区文化运动》《五四文化运动的特点》《抗战以来几种重要哲学思想的评述》等。从第4期起,他在"哲学讲座"栏中连续发表了《哲学是研究事物的最一般的规律的科学》《哲学是党性的科学》《辩证法唯物论是马克思主义政党的世界观》《论事物的运动变化》等8篇文章。在他主编之下,《中国文化》积极倡导理论研究,围绕

艾思奇《"有的放矢"及其他》《哲学与生活》《马克思恩格斯关于历史唯物主义的信》

殷商社会性质、民族形式等问题展开学术讨论，创造了一种大胆进行创作、著述、翻译，开展学术争鸣的良好气氛。

1942年延安整风运动开始后，他牵头苦战近两个月，编成《马克思、恩格斯、列宁、斯大林思想方法论》一书，成为整风运动的重要学习资料之一，有些人认为这是当时读到的获益最大的一本哲学书。他在延安时期撰写的理论文章和杂文，解放后结集为《"有的放矢"及其他》一书出版。

二、深刻准确宣传毛泽东哲学思想

艾思奇到达延安之际，正值毛泽东如饥似渴学

艾思奇
一生致力于马克思主义哲学的中国化大众化

习和研究哲学,并进行着马克思主义中国化的伟大实践。毛泽东由衷欢迎艾思奇的到来,他们之间进行了比较频繁的哲学交往,也有比较多的思想交流。有老同志回忆说:"毛主席礼贤下士,常邀思奇同志探讨哲学问题,有时毛主席到他的住处,有时他到毛主席的窑洞,促膝交谈,相互切磋。思奇写的文章和书,毛主席都仔细阅读,还作了不少批注和摘录。"①新中国成立后,毛泽东在1964、1965年间,在北京及杭州,和艾思奇也还有过哲学交往,谈过哲学问题。在这些交往中,艾思奇受到了毛泽东思想的直接影响,并熟悉毛泽东哲学思想发展的脉络,这为艾思奇学习、研究和宣传毛泽东哲学思想提供了有利条件。

延安时期,艾思奇参与了整风运动,对"实事求是",对毛泽东所倡导的理论联系实际的作风进行了宣传和阐释,对主观主义、教条主义进行了批判。1941年,他在《抗战以来的几种主要哲学思想述评》一文中阐明了毛泽东的《论持久战》《论新阶段》《新民主主义论》是正确运用了马克思主义中国化和辩证

---

① 艾思奇同志纪念文集编辑组编:《人民的哲学家——艾思奇纪念文集》,云南人民出版社1997年版,第9页。

法唯物论，有效解决了中国革命问题，在革命进程中发挥了巨大作用的著作。1943年8月，艾思奇在《中国之命运——极端唯心论的愚民哲学》中，揭露蒋介石《中国之命运》里的哲学思想，是一种极端不合理的唯心论，指出："铁的事实已经证明，只有毛泽东同志根据中国的实际情况发展了和具体化了的辩证唯物论与历史唯物论，才是能够把中国之命运引到光明前途去的科学的哲学，才是人民的革命哲学。"[①]

新中国成立后，艾思奇更加重视对毛泽东思想的研究和宣传。在毛泽东的《实践论》《矛盾论》公开发表后，艾思奇陆续又写了许多文章进行宣传。如1951年写的《毛泽东同志发展了真理论》《关于〈实践论〉和学习方法的一些问题》《〈实践论〉与关于哲学史的研究》，1952年写的《学习〈矛盾论〉，学习具体分析事物的方法》《从〈矛盾论〉看辩证法的理解和运用》等。1959年，他写了《俄国十月革命以来中国的哲学和社会思想的发展》（只写到1945年党的七大为止），着重研究和分析了毛泽东哲学思想的历史发展。

---

① 艾思奇文稿整理小组编著：《一个哲学家的道路——回忆艾思奇同志》，云南人民出版社1981年版，第51页。

艾思奇
一生致力于马克思主义哲学的中国化大众化

1960年《毛泽东选集》第四卷出版,他写了两万多字的读书笔记,以《进一步掌握无产阶级世界观》为题发表在《哲学研究》上。1965年,他写成《毛泽东同志四篇哲学著作辅导提纲》,这是艾思奇最完整研究毛泽东哲学思想的著作,也是他一生最后的系统性文章。

在宣传毛泽东思想时,艾思奇并不是生搬硬套,照本宣科,而是既遵从毛泽东著作的原意,又进行创造性发挥,从而使毛泽东思想更加形象丰满。20世纪60年代初,在中央高级党校理论班学习的一名学员回忆说,艾思奇辅导学员学习毛泽东的哲学著作,严格按照著作的内容和原意进行讲解,对原著中的哲学原理讲解得既深刻准确、又稳妥可靠,从不另讲一套。对此,毛泽东评价艾思奇能按《实践论》和《矛盾论》的本意解释哲学上的理论问题。比如,艾思奇在辅导《实践论》和《人的正确思想是从哪里来的?》这两篇文章时,把毛泽东讲的"实践,认识,再实践,再认识,这种形式循环往复以致无穷,而实践和认识之每一循环的内容,都比较地进到了高一级的程度"和"一个正确的认识,往往需要经过由物质到精神,由精神到物质,即由实践到认识,由认识到实践这样多次反复,才能够完成"的观点,提高到人类认识的总规律来加以论证,就是一种独创性的发挥,不但不违反毛泽东上述观点的原意,反而使它的内容更加丰富,更显光彩,同时也更进一步地揭示了人类社会的认识发展规律。[1]

在多年深入研究过程中,艾思奇对毛泽东思想始终有自己的见解。他认为马克思主义的具体结论并非僵死不变的,我们应该充分肯定毛泽东对马克思列宁主义所作出的贡献。同时也反对在没有弄清一般原理时就"任意用贴标签的方式,空谈毛泽东同志对它的发展"[2],而必须结合中国革命和社会主义建设的实际,从理论和实践的结合上给予充分的论证和说明。他反复强调只有努力运用马克思主义普遍真理对革命工作和科学研究的实际问题进行分析,作出结论,找出指导工作和斗争的方针、计划、方法,以此推动工作和斗争取得胜利,才能真正掌握毛泽东思想的精神实质。

---

[1] 参见马汉儒:《怀念艾思奇》,《创造》1995年第2期。
[2] 艾思奇:《哲学与生活》,天津人民出版社2018年版,第183页。

三、广受学员欢迎的"艾教员"

1948年10月,艾思奇到中央高级党校(马列学院)任教,开始了长达18年的"理论教员"生涯。他担负了大量教学工作。除了组织计划教学外,无论是高干班、师训班、理论班,还是自然辩证法班、逻辑班等,几乎每期每班他都去讲过课。他授课的内容主要是哲学方面,涉及广泛的理论领域,包括马克思主义经典著作的辅导,如《马克思恩格斯关于历史唯物论的信》《反杜林论》《自然辩证法》《苏联社会主义经济问题》《实践论》《矛盾论》的辅导,还包括辩证逻辑、自然辩证法、西洋哲学史等。所讲内容涉及马克思主义理论的各个方面,包括政治经济学、科学社会主义、国际共产主义运动、中共党史、党的建设、文艺理论等。

艾思奇认真对待教学活动,针对不同的场合、不同的听众,每次讲课都认真修改讲稿。他强调,在教学中不分场合、不问对象、不研究新材料、新问题,一味引章摘句,照本宣科,是讲不好马克思主义哲学的。艾思奇多次讲过毛泽东的《实践论》《矛盾论》,

大都是从基本理论内容上进行辅导的。1960年，在他所作的"党史引言报告"中，突破了原有格式，从党史的角度来进行解读。1964年，则又进一步从新的党史角度阐发了"两论"的内容、作用和意义。这种创新讲法，别开生面，独具一格，令人耳目一新，给学员以新的启迪。

艾思奇精通马克思主义及其哲学原理，对马克思主义政治经济学原理、科学社会主义原理等有很深的学术功底。他还通晓中外哲学史，尤其注重对现代哲学史的研究，对文学艺术、党史知识、地理知识、天文知识、语言知识等方面也有丰富的学习研究。这些丰富的知识，使他能够融会贯通、旁征博引地阐释乏味深奥的哲学原理，使他的授课变得生动鲜活、意境宽畅、充满趣味。他上课不靠抑扬顿挫的渲染，不靠对经典著作和语录的大量引证，不靠故弄玄虚以显示艰深，而是善于用自己融会贯通的语言，深入浅出地表述自己的见解，娓娓道来，环环相扣，如数家珍，使学员沉浸在马克思主义哲学的魅力之中，真正感受到真理的力量、逻辑的力量。

艾思奇善于在课堂上通过举例子解释抽象的理论原则。比如，他在解释事物具有多方面的质的原理

艾思奇
一生致力于马克思主义哲学的中国化大众化

时,说:"一切生物都有质,人有人的质,动物有动物的质。人主要的质是社会关系,阶级关系。人的质主要是阶级性。但是人也是动物,也有动物的质,动物的质不是人的本质……人的身上也有两个质,有动物质、也有化学质,医生就是研究我们身上的化学变化,医生不研究我们的阶级性,他专门研究我们的生理质、化学质。"[1]

艾思奇也很善于总结概括实际经验。比如在讲解马列主义、毛泽东思想原理时,他常常将原理联系实践经验加以说明。在讲到《矛盾论》中关于矛盾的对抗性与非对抗性问题时,他说:"以前的马克思主义哲学著作没有专门讲,为什么《矛盾论》要讲这个问题?这些是从实践中来的。十六年的斗争碰到了要特别区别对抗与非对抗的问题,1923年陈独秀就把对抗矛盾看作非对抗的,甚至不承认这个矛盾。蒋介石拿了枪来屠杀工人农民,他却要把工人农民自己的武装缴掉。另外还有非对抗的问题用对抗办法来解决。比如党内的问题,采取残酷斗争、无

---

[1] 刘海藩、朱满良主编:《中共中央党校名师》第1卷,中共中央党校出版社2002年版,第95页。

情打击。这又犯了错误。所以,流血的经验逼迫人要考虑区别一下对抗与非对抗的问题。……这些著作是用血写的,不是用墨写的。"[①]这些话说得让人刻骨铭心。

艾思奇在说明和解释马克思主义哲学的基本原理和概念时,特别注意运用实践提供的新材料,力求讲出新意。1962年讲《历史唯物主义引言》时,他开场就说:"这个引言怎么讲?我考虑了很久……这次讲引言就比较概括,把历史唯物主义的内容作一点解释,主要的还是结合实际,结合我们讨论中的问题来讲。"在讲到一些概念、原理时,艾思奇也常常讲出自己的新见解。他说:"以前的教科书上说,历史唯物主义是把辩证唯物主义推广到社会历史的研究方面,这是对的,但是不很完全。"[②]

1964年,艾思奇讲《世界观问题》时说:"桌子在先还是桌子的观念在先?有时候桌子的观念在先。归根到底是自然产生的桌子在先,没有人工加工的桌

---

① 刘海藩、朱满良主编:《中共中央党校名师》第1卷,中共中央党校出版社2002年版,第102—103页。
② 刘海藩、朱满良主编:《中共中央党校名师》第1卷,中共中央党校出版社2002年版,第87—88页。

艾思奇
一生致力于马克思主义哲学的中国化大众化

子在先。最原始人大家碰到一块石头、土堆,就围在一起,把东西放在上面,根本没有人造过桌子。这是自然的、没有人造的桌子在先。然后,前人对这种桌子的实践首先成为经验,然后这种认识就能够制造一个桌子。所以,认识总是最后,实践在先。归根到底是实践在先,认识在后;物质在先,精神在后。"[1]艾思奇的讲解,既坚持了唯物论,又坚持了辩证法,回答了大家感兴趣的问题,使听者如醍醐灌顶,茅塞顿开。

作为理论教员,艾思奇在讲课中反复强调要"有的放矢",重在应用,用马克思主义基本理论去观察分析问题、解决问题,指导自己的行动。他在讲课中从各种角度再三讲,要以毛泽东为榜样,用马克思列宁主义之"矢",去射中国革命和建设实际之"的"。他在《〈实践论〉、〈矛盾论〉在党的历史发展中的作用和意义》讲稿中说:《实践论》《矛盾论》"这两篇文章所要解决的问题,简单来说,是教导我们党的干部在实际工作中运用辩证唯物主义,在实

---

[1] 刘海藩、朱满良主编:《中共中央党校名师》第1卷,中共中央党校出版社2002年版,第89页。

际工作中坚持马克思列宁主义哲学的党性，在实际工作中反对主观主义……《实践论》告诉我们，要从认识过程来克服主观主义，坚持辩证唯物主义的认识路线，通过实践和调查研究，走群众路线，正确反映客观实际，制定出切实可行的路线、方针、政策、办法等等……《矛盾论》又告诉我们，要从方法上克服主观主义，要学会在认识世界和改造世界过程中，善于分析矛盾、解决矛盾，坚持唯物主义的辩证方法。"[1]毛泽东的"两论"给了我们在实际工作中运用辩证唯物主义的精神武器，掌握了这个无比锐利的武器，用来指导自己的思想和行动，认识世界就能比较正确，改造世界就会卓有成效。

艾思奇并不是只在中央党校讲课，对于各方面的讲课邀请，他只要抽得出时间，几乎是"有求必应"。无论是对党的高级领导干部，还是对一般干部群众和广大青年学生，他都一丝不苟地备课，从不糊弄。他还被聘为北京大学文学院教授，在北大讲《社会发展史》大课，在北大哲学系开设了辩证唯物论、历史唯

---

[1] 刘海藩、朱满良主编：《中共中央党校名师》第1卷，中共中央党校出版社2002年版，第106页。

艾思奇
一生致力于马克思主义哲学的中国化大众化

物论以及马列原著等课程。1951年3月,他在中央人民广播电台举办《社会发展史讲座》,当时全国有组织收听和学习这个讲座的有50万人,一时成为全国最大的课堂。后来,讲稿被编印成书《历史唯物论·社会发展史》,出版发行达100多万册,影响不亚于《大众哲学》。①

自1954年起,艾思奇就在中央党校系统地讲授辩证唯物主义,写成《辩证唯物主义讲课提纲》一书,1957年由人民出版社出版。1961年,根据中央要求,艾思奇主编出版了高等学校文科教材《辩证唯物主义历史唯物主义》。在编写修改过程中,无论从总体结构到文章内容,从基本观点到材料的选用,艾思奇都逐章逐节、字斟句酌地修改。这本书建构了比较完整科学的马克思主义哲学教科书体系,比较完整准确地阐述了马克思主义哲学的基本原理。

艾思奇毕生致力于自然辩证法的研究。他留学日本时学习采矿专业,在上海时发起成立"自然科学研究会",大力倡导和普及自然科学,撰写了《谈死光》

---

① 参见吴志菲:《还原真实的艾思奇》,《文史精华》2010年第5期。

《太阳黑点与人心》等一系列科普作品。在延安,他热心参与"自然辩证法座谈会"和"自然辩证法学习讨论会"等活动,还经常给一些科技工作者讲生物进化论、狭义相对论中的哲学问题。1958年,他提出要使自然辩证法成为一个独立的研究领域。在他的主持下,中央党校率先在全国开办了自然辩证法班、逻辑班,编写出第一部比较系统的自然辩证法著作——《自然辩证法提纲》。

四、一生信守实事求是、做到朴实低调

艾思奇最喜欢的格言是"实事求是",并把它当作自己一生笃行的生活准则。他对自己的要求始终很严格,无论是讲课,还是在论著之中,凡有不当之处,一经发现便立即改正,开诚布公,从不文过饰非。1958年在"大跃进"和人民公社化运动开始以后,艾思奇写文章赞扬过群众的革命热情。后来他在河南下放期间,看到不少问题,曾写信给河南省委主要负责同志说,根据实际情况看,过高的生产指标并不能真正调动群众的积极性。他还发表题为《破迷信 立科学 无往不胜》的文章,一方面赞扬群众建设社会

艾思奇
一生致力于马克思主义哲学的中国化大众化

主义的积极性,另一方面又强调必须注意实事求是的科学态度。文章指出:"破除迷信后一定要立科学,而一点也不能离开科学,冲天干劲一定要与实事求是的精神结合起来,是我们一条重要经验。"1959年初,他在《红旗》杂志发表《无限和有限的辩证法》,指出:"在一定时间、一定地点、一定条件下,群众力量的发挥总有一定的最大限度,而不是无穷无尽的","既要深信人民群众的力量无穷无尽,又要注意到人民群众的力量有穷有尽方面","仅仅一般地相信人民的力量无穷无尽,而看不见在一定的具体工作中人民力量的有穷有尽方面,或者把这些有穷有尽的力量,误认为无穷无尽,这种片面观点也会造成工作中的错

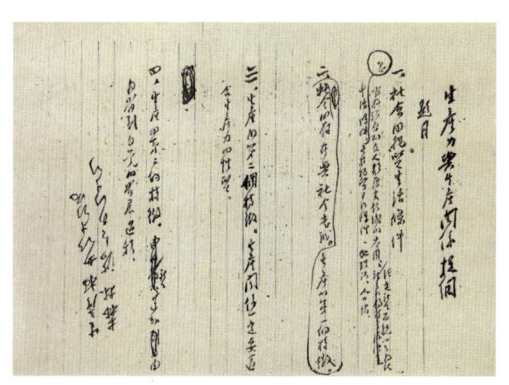

艾思奇《生产力与生产关系讲授提纲》(1953年手稿)

误和缺点。"后来他在总结下放工作时，曾严肃地指出："下面刮五风的问题很严重，如果不认真纠正，农民就要打扁担。"并深有感触地说："我们的唯物主义是不彻底的。"①

艾思奇虽然著作等身，扬名海内，但却是一位真正谦虚的学者。他常对身边的同志说自己的感性知识少，是个缺陷。因此，他平时很注重积累实际生活经验，乐于向基层群众学习。他多次到北京市海淀区的农村参观，认真观察，并且爱问个究竟，还和四季青公社的李墨林交了朋友。1958年，他为天津工人讲授哲学，重点讲授《实践论》《矛盾论》，不辞辛劳深入工厂、车间，参加工人的座谈会、讨论会，耐心辅导和解答问题。在下放河南期间，他又虚心向基层干部和广大群众学习，对登封县三官庙群众学哲学的活动给予热情的支持和具体的帮助。他认为"深入基层，面向社会实际，不仅是哲学研究的基本任务，也是锻炼自己的好机会"。在农村期间，他始终坚持与农民同吃、同住、同劳动。他一贯平易近人，不摆架子，

---

① 吴秉元：《热情普及哲学　反对主观主义——艾思奇同志在河南》，《中州学刊》1983年第4期。

艾思奇
一生致力于马克思主义哲学的中国化大众化

与群众亲切聊天,细心地了解他们的生活情况,言谈中,总是充满深挚的热情。

艾思奇不论是搞学问,还是办事情、待人接物,都老老实实。同事们回忆说,他不大流露情感,但对他绝不用提防什么,他绝不是"当面输心背面笑"那样的人。[①]他学习刻苦,工作勤奋,写讲稿和写文章,都是自己动手。疲劳了就在凉台、湖边散散步又干起来,一干就是到深夜甚至通宵不眠。他平时沉默寡言,很严肃,但待人诚恳。他很少串门闲聊,有时外出散步或路过同事的宿舍门口,就与同事交谈交谈工作和见闻,聊聊身体和生活情况,完全没有什么权威的架子。

艾思奇一生酷爱读书。到北京十余年,家里藏书近万册,稍有闲暇,便埋头于书海,专心致志。为此,曾被人讽刺为"书痴"。他有不动笔墨不读书的习惯,凡是认为有价值的书籍,都留有他的墨迹。有的则专门写下笔记、评述和随感。为了能够直接阅读世界各国的原著,他还以顽强毅力学习掌握多门外语。早年学会了英文,在日本期间除掌握日文外,还自学了德文,以便能够直接阅读马克思及德国的理论

---

① 参见林默涵:《忆艾思奇同志》,《读书》1980年第10期。

著作。他还翻译了海涅的长篇诗歌《德国——一个冬天的童话》。40多岁时，为了准确理解列宁主义理论，他又确定了学习俄文的目标，每天清晨半个小时学习俄文，雷打不动。

艾思奇的脑子里塞满了工作和哲学，惜时如金。他在北京多年，只去看过一次长城。他热爱音乐，但也是在自己的屋里自娱自乐。游泳、滑冰、书法，都要靠挤时间。多休息片刻，就会觉得内疚。教学、科研、会议、行政事务，像一座座山压在他肩上。时间不够用，只有靠牺牲睡眠来补偿。长期下来，像一架机器超负荷运转，导致身体状况一天天恶化，56岁正当英年就辞世而去，殊为新中国思想理论界的损失。

艾思奇一生淡泊名利、朴实无华。他在延安时期就当过《解放日报》的总编等领导职务，调到马列学院只当一名教员，他本人毫不介意。他最长期的头衔是"艾教员"，不在乎陈伯达说他是"九品官"。毛泽东给他的亲笔信，尤其是逐字逐句抄录《哲学与生活》19页多，他一直妥善保存，从不拿出来张扬。1964年，中央领导与中央党校全体学工人员合影时，毛泽东想找艾思奇握手，找了好几排人才发现他。

艾思奇一生光明磊落，两袖清风。在中央党校工

艾思奇
一生致力于马克思主义哲学的中国化大众化

作的 18 个年头中,他没有私人纠葛,也没有个人恩怨,一些不讲理的人,对他奚落、争吵,他也能泰然处之,只当耳旁风。在闲谈时扯到生活中的矛盾,他总是回避,不纠缠于无原则的纷争中。1960 年,艾思奇被党中央任命为中央党校副校长,但他从不摆官架子,不占公家的便宜,也不要求特殊照顾。如因私事用车,总向公家交费,从来没有利用自己的地位和职权给亲朋及家属特殊安插工作岗位。

艾思奇一生致力于马克思主义哲学的中国化大众化,受到党的领袖充分肯定。毛泽东主席曾评价他是"党在理论战线上的忠诚战士"。习近平总书记 2020 年 1 月在云南考察时,专程来到位于腾冲和顺古镇深处的艾思奇纪念馆,深情指出:艾思奇同志是党的优秀理论家和杰出理论工作者,他倡导的思想与时代相结合、理论与实际相结合、哲学与人民相结合的精神,要继续发扬光大。新时代坚持和发展中国特色社会主义,需要大批能把马克思主义中国化讲好的人才,讲人民群众听得懂、听得进的话语,让党的创新理论"飞入寻常百姓家"。

参考文献

1. 艾思奇同志纪念文集编辑组编:《人民的哲学家——艾思奇纪念文集》,云南人民出版社1997年版。
2. 艾思奇文稿整理小组编著:《一个哲学家的道路——回忆艾思奇同志》,云南人民出版社1981年版。
3. 艾思奇:《大众哲学》,新华出版社2001年版。
4. 艾思奇:《哲学与生活》,生活·读者·新知三联书店2021年版。
5. 卢国英:《一代哲人艾思奇》,《高校理论战线》2009年第6期。
6. 梁唐:《怀念老师艾思奇同志》,《晋阳学刊》1982年第12期。
7. 吴秉元:《热情普及哲学 反对主观主义——艾思奇同志在河南》,《中州学刊》1983年第4期。
8. 刘子正:《忆艾思奇同志》,《浙江学刊》1984年第3期。
9. 吴志菲:《还原真实的艾思奇》,《文史精华》2010年第5期。
10. 吴秉元:《忆艾思奇同志》,《社会科学研究》1981年第1期。

尹达
从考古到史学研究

尹达
从考古到史学研究

尹达，原名刘燿，又名刘虚谷，字照林，笔名水牛，1906年10月生，河南滑县人。1925年考入中州大学（河南大学前身）预科，1932年考入中央研究院历史语言研究所做研究生，毕业后留所工作，先后参加安阳殷墟、龙山遗址等重要的考古发掘。1937年12月奔赴延安，1938年4月加入中国共产党，5月进入马列学院第一班学习，11月到陕北公学关中分校任教。1939年2月调入马列学院，担任历史研究室研究员兼陕北公学总校教员，1941年7月调离。马列学院1941年7月改组为马列研究院，两个月后再改组为中共中央研究院，1943年5月并入中共中央党校，为该校第三部。从这个渊源说，马列学院8个月的学习和两年半的任教，是尹达与中央党校发生联系的主要经历。

新中国成立后，尹达先后担任过中国人民大学研究部副部长、北京大学副教务长、中国科学院历史研究所副所长，兼任考古研究所副所长、所长。1955年6月当选中国科学院哲学社会科学学部委员。主编

《历史研究》杂志，参与主持中国历史博物馆的建馆工作。第一、第二、第三届全国人民代表大会代表，第五届、第六届全国政协委员。1983年7月病逝。

一、从学员到教员

尹达是一位富有经验的田野考古学家。他1931年在大学期间就开始参加中央研究院历史语言研究所组织的殷墟发掘团，先是在安阳小屯北地见习，后来到安阳后冈参加梁思永主持的发掘。1932年考取历史语言研究所研究生，毕业后成为史语所助理员、助理研究员，参加了一系列考古发掘。1937年，他依据考古发掘所获得的大量可靠的实物资料，写成《龙山文化与仰韶文化之分析》一文，从后岗等遗址的文化堆积关系中确定了仰韶、龙山、小屯文化的历史发展序列，批判被当时研究中国新石器考古学者视为"权威"的瑞典人安特生的错误理论。它代表了年轻的中国考古学者对外国学术权威的挑战，这在当时是很了不起的事情。

抗战爆发后，史语所西迁，尹达于1937年12月毅然离开心爱的考古事业，奔赴陕北。他在一份材料

尹达
从考古到史学研究

上写道:"别了,这相伴七年的考古事业!在参加考古工作的第一年,就是敌人铁蹄踏过东北的时候,内在的矛盾燃烧着愤怒的火焰,使我安心不下去作这样的纯粹学术事业!""现在敌人的狂暴更加厉害了,国亡家破的悲剧眼看就要在我们的面前排演,同时我们正是一幕悲剧的演员!我们不忍心就这样的让国家亡掉,让故乡的父老化作亡国的奴隶;内在的矛盾一天天的加重,真不能够再埋头写下去了!我爱好考古,醉心考古,如果有半点可能,也不愿意舍弃这相伴七年的老友!但是我更爱国家,更爱世世代代所居住的故乡,我不能够坐视不救!我明知道自己的力量有限,明知道这是一件冒险历危的工作,但是却不能使我有丝毫的恐怖和畏缩!"[①]

尹达到达陕北后,最初在陕北公学学习,1938年5月进入刚刚成立的马克思列宁学院学习。这所学院是党中央创办的专门从事马列主义基本理论学习、研究和宣传的干部学院,到1941年7月改组为马列研究院时,共招收过5个班即5期学员。马列学院当

---

① 张光直:《二十世纪后半期的中国考古学》,《古今论衡》1998年创刊号(10月)。

时开设了马列主义基本问题、哲学、政治经济学、中国现代革命运动史、党的建设、西洋革命史六门课程。陈云、刘少奇、李富春、张闻天等中央领导同志都曾在这里做过专题报道。陈云的《怎样做一个共产党员》、刘少奇的《论共产党员的修养》等都是在这里讲的。在马列学院，尹达接受了党的基础理论和基本政策的系统训练。当时中央指示，各级党校"在

尹达著《中国原始社会》一书的目录，文物出版社 1977 年版

尹达
从考古到史学研究

学习中提倡敢于怀疑,敢于提出问题,敢于发表意见,与同志们辩论问题的作风"。尹达与邓拓、李先念、李天焕同住一个窑洞,他们挤在一起,经常讨论问题到深夜,内容包括战争、历史、时事等。这次的学习和研究,对尹达影响巨大。后来,他始终强调要用马克思主义指导新石器时代考古研究,而且身体力行,带头实践,成为我国用马克思主义研究中国原始氏族社会考古的第一人。

1938年11月,经过马列学院8个月的学习,尹达被分配到陕北公学关中分校任教。同年10月,马列学院成立马列主义、哲学、经济、历史、中国问题等几个研究室和一个编译室。1939年2月,马列学院院长张闻天要将尹达调到历史研究室任研究员,陕北公学校长成仿吾不愿意放人,最后两人达成协议,尹达兼职任陕北公学教师,历史研究室的活动必须参加。这样,尹达就与他在马列学院同期的学员佟冬、从北平来到延安的杨绍萱3人成立了马列学院历史研究室,直到1941年7月调任中央出版局工作。如果说尹达在大学和史语所时期主要是搜集和积累学术研究资料,在马列学院工作的这两年多时光,就是他考古研究的丰收期和对中国考古学体系研究的酝酿期。

这个时期写成的《中国原始社会》以及由此衍生的《新石器时代》，是他的代表作。

二、结合考古实物资料运用马克思主义研究中国古代史

1930年，郭沫若出版的《中国古代社会研究》，是我国马克思主义历史学的第一部重要著作，在中国马克思主义历史学发展上立下首创之功。紧随其后，用新的史学观点对史前社会、秦以前的古代社会作出系统研究的有吕振羽、侯外庐。吕振羽的《史前期中国社会研究》，1940年12月修订为《中国原始社会史》。与此同时，尹达依据郭沫若《中国古代社会研究》的基本观点，结合当时"大批新的材料和学术界之新的成果"，写成《中国原始社会》一书。这部书的扉页上明确写着《从考古学上所见到的中国原始社会》，以别于其他关于原始社会的论著，成为新史学阵营中从考古学出发系统研究原始社会的代表作。

尽管尹达在校稿时"曾经为一些问题而踌躇不安"，认为"有些地方还值得我们更进一步的钻研下去"，但还是"有勇气把它付印"，主要在于两个原

因：一是"国内外关于中国原始社会的著作大都还未能及时吸收大批新的材料和学术界之新的成果，在这里我把新的材料和新的成果献给同好的学人"；二是"我以最大的努力运用科学的方法，把这些材料组织起来，希望从这里看出中国原始社会发展的线索"①。简言之，运用科学的方法审视大批新的材料，理出中国原始社会的发展线索。

尹达所说的"科学的方法"，就是马克思主义的历史唯物主义。事实上，他是在中国比较早地运用历史唯物主义的观点对考古研究进行指导，并把它和古代社会研究结合起来的学者之一。他指出：只有在马克思主义指导之下，考古学与史学的关系就能逐渐密切起来，使考古学真正成为历史科学的一个有机构成部分，取得更加辉煌的成果。考古学的发展，不仅仅是本学科的问题，还需要其他学科的扶持和协作。史学家应具备考古学的基础知识，要能消化、掌握、运用这样丰富的原始资料，只有史学和考古学的有机结合才能使新石器的考古学真正成为历史科学的有机

---

① 中国社会科学院历史研究所中国史学史研究室编：《尹达史学论著选集》，人民出版社1989年版，第222页。

组成部分。

该书的第一编"从考古学上所见到的中国原始社会",占全书一半以上的篇幅。其中,第一篇"氏族以前的中国社会",为中国旧石器时代部分。第二篇"中国氏族社会",1955年改题为《中国新石器时代》一文重新发表,1979年再版时改名为《新石器时代》。这是尹达写作"费力最大"的一部分,讨论了昂昂溪、仰韶和龙山三种文化遗存及其绝对年代,是对当时所

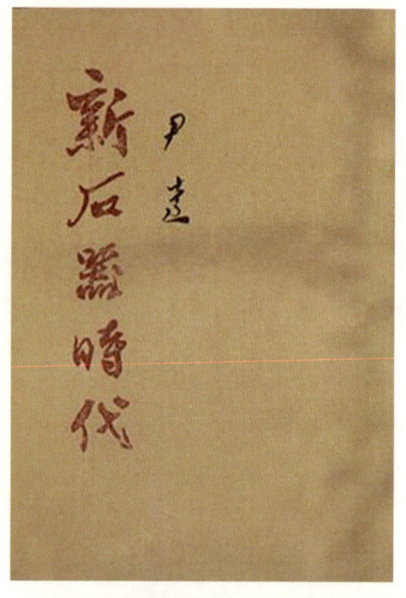

尹达《新石器时代》,生活·读书·新知三联书店1979年版

> 尹达
> 从考古到史学研究

知中国新石器时代考古资料作出的最早的一次系统总结。第三篇"在崩溃过程中的中国氏族社会——小屯文化的社会",他根据亲身参加发掘安阳小屯殷墟发现的丰富实物资料,详细论述了殷代的经济结构、社会组织结构及意识形态,倾注了相当大的功力。因为《中国原始社会》出版后,郭沫若对殷代社会性质的看法已由原始社会改变为奴隶社会,尹达的这一篇文字生前再未重新发表。

1940年1月,尹达完成《中华民族及其文化之起源》一文,论证了"中华民族和其文化是在中国这块广大的土地上发荣滋长起来的,并不是由他处移植过来的"[①];针对延安史学界对殷商时期的农耕文明的辩论的主要问题,尹达于同年7月撰写《关于殷商社会性质争论中的几个重要问题》,明确表示"殷商后期的生产工具不是铁器,也不是铜器,而是石器","主要的生产部门不是畜牧,而是农业","殷代后期的社会是在崩溃中的氏族社会"。1941年1月写成《关于殷商史料问题——兼论殷商社会性质》强调了考古学

---

① 中国社会科学院历史研究所中国史学史研究室编:《尹达史学论著选集》,人民出版社1989年版,第3页。

上所提供的殷商史料"是最可靠最宝贵的"。针对吕振羽和谢华以及《中国通史简编》第一编作者运用考古学材料和甲骨文材料所出现的问题提出了批评,并提出了一些有针对性的建议,在延安史学界引起了关于殷商社会性质问题的热烈讨论。上述三个单篇作为第三编《补编》,与第一编《从考古学上所见到的中国原始社会》、第二编《从古代传说中所见到的中国原始社会》合在一起,于1943年5月在延安出版。

三、参加编写《中国通史简编》

在1938年中共六届六中全会上,毛泽东强调了研究历史的重要性。他指出:"学习我们的历史遗产,用马克思主义的方法给以批判的总结,是我们学习的另一任务。我们这个民族有数千年的历史,有它的特点,有它的许多珍贵品……从孔夫子到孙中山,我们应该给以总结,承继这一份珍贵的遗产。这对于指导当前的伟大的运动,是有重要的帮助的。"[①]此后,

---

① 《毛泽东选集》第2卷,人民出版社1991年版,第533—534页。

尹达
从考古到史学研究

毛泽东多次批评党内学习历史的空气不浓,号召全党认真学习历史。确实,党中央到达陕北后特别是抗战爆发后,为了更好地领导中国革命,一项紧迫任务就是总结中国革命经验,不断推进马克思主义中国化并以之武装全党。因而,以唯物史观指导撰著一部中国通史,对于认清中华民族历史道路和历史前途,有着十分重要的意义,成为一项十分迫切的工作。

要编写中国通史,就要有基本资料。而当时延安的物质生活条件十分艰苦,各方面的参考材料极度缺乏。尹达1937年底来陕北时,为了使自己能够全心全意参加革命,就将全部的书籍和资料都放在了家里。这个时候,他决定返乡取书。1939年,马列学院院长张闻天做了周密安排,特派了两名警卫全程护送,中共地下交通站的同志接力引路和保护,昼伏夜出,避实就虚,悄悄穿过敌人的封锁线,从河南老家顺利把这批书和材料运到了延安。在当时延安十分艰苦的条件下,这批书籍和材料有力地帮助了尹达继续从事学术研究,也成为我们党掌握的珍贵历史资料。《中国原始社会》一书,就是在深入研究这批资料的基础上写成的。这部书摆事实讲道理,把考古工作成果与历史唯物主义的理论血肉相连,人们读后很容易接受。

1940年1月，范文澜到达延安，随即被任命为马列学院历史研究室主任。中央交给他的一项任务，就是在短时间内编出一本篇幅为十来万字的中国通史。在范文澜主持下，尹达、佟冬、叶蠖生、金灿然、唐国庆等人着手编撰《中国通史简编》，其中尹达负责撰写魏晋南北朝部分。尹达按照范文澜略前详后，全用白话文语体，揭露统治阶级罪恶，显示社会发展法则等编写思路，用唯物史观的理论和方法，简明扼要、观点鲜明地论述政治、军事、经济和社会等方面的情况。半年后，尹达拿出了10余万字的书稿。《中国通史简编》最初虽然是集体起草的，但最后由范文澜改写完成，上册和下册先后于1941年9月、1942年12月在延安新华书店出版。由于中国历史悠久、内容丰富，以十几万字的篇幅显然无法容纳，中央充分尊重学者的意见，最后决定根据需要，"能写多少算多少"。

作为第一部以唯物史观为指导撰成的通史巨著，《中国通史简编》不可能不引起学术讨论。比如，关于殷代的社会性质，范文澜1940年5月发表《关于上古历史阶段的商榷》，不同意郭沫若"殷代是氏族社会，西周是奴隶社会"的意见，而接受吴玉章"殷代是奴隶社会，西周是封建社会"的意见。尹达不同意

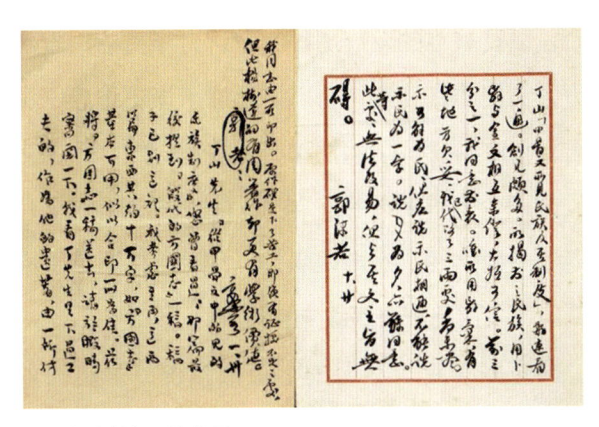

郭沫若与尹达信函

范文澜的这个观点，1943 年出版《中国原始社会》，仍对《中国通史简编》持批评态度，认为《中国通史简编》第一编的作者所得出的结论，是和具体事实有相当出入的，感觉那里还没有充分且尽量地运用这部分贵重的史料，认为这是一个相当大的缺陷。这样的学术讨论，且不说结论是否正确，但强调用事实说话，在当时的历史条件下精神可嘉。

四、强调理论的重要性和实践理论的必要性

尹达在延安时期主讲《中国革命运动史》，让青年学子和革命人士了解中国共产党诞生的历史背景和

使命，以及艰难的发展历程。尹达有丰富的田野考古经历，文史功底扎实，所以讲起课来谈古论今、深入浅出，将故事性、学术性和实践性充分结合，语言幽默风趣，令人耳目一新。虽然尹达在1941年7月就调离了马列学院，不再任职，但此后包括新中国成立后，他还多次到中央高级党校授课。

据有些在党校学习的学员回忆说，尹达的理论水平很高，他在和学员交流的过程中特别强调理论的重要性和实践理论的必要性。他不是简单地说教，而是将理论活灵活现地寓于对事物或学术问题的处理和研究中。他常说，学习理论要尝到甜头，你就会更深刻地体会到理论的意义和作用。所谓甜头，就是利用理论和相应的方法，解开问题疑团获得成果的一种喜悦，它能引导并鼓励我们更多地向更高层次更深底蕴去探索真理的欲望和追求。

尹达同时还注重调动学员兴趣，用生动的例子讲解原著。在讲课过程中，为了更清楚说明一个问题，他会反复举例加以说明，有时幽默，有时严肃，感染力很强，深入浅出，比如在讲解奴隶对奴隶主的斗争问题时，他既给大家讲解马克思原著中的原文，同时也用彝族的呷西、佤家、曲诺举例说明他们其中的人

尹达
从考古到史学研究

身依附和斗争形式的关系。在讲到片面夸大古代农民积极一面时,他举例在大革命时期,有两个托派真是把黄巢写成"起来,不愿意做奴隶的人们",错误地把他极大地无产阶级化,快唱起《国际歌》来了。

新中国成立后,尹达受命担负起全国历史学科的组织建设任务,参加了若干重大项目的组织领导工作。1953年底,他被调入中国科学院,负责筹建历史研究所第一所并兼管考古研究所的工作。1954年,创办并主编全国性的史学刊物《历史研究》。他一向关心原始社会史的研究,在1963年所写的《新石器时代研究的回顾与展望》一文,就是从考古学与历史学相结合的角度进行的科学总结。夏鼐认为,"这是一篇洋洋大作,是他最后一篇有份量的用马克思主义观点所写的考古学论文"[①]。这篇文章完成之后不久,他就把自己研究的重点开始转移到史学理论领域。

1982年4月,尹达回忆自己"从考古到史学研究"的历程,有这样的追述:"我的学术工作经历,可以说就是在处理理论与具体材料的关系的过程中,一步步走过来的","从考古进入史学研究领域,面对

---

① 夏鼐:《怀念尹达同志》,《考古》1983年第11期。

那么丰富的文化遗产，那么完整的封建史学体系，究竟怎么继承，继承什么？确实存在着许多复杂而繁难的问题"，"史学领域中的这些重大理论问题的讨论，一步步把我的兴趣引向马克思主义史学理论中去，从五十年代起，我的注意力渐渐转向我国史学理论争论问题的探讨中去了；一九六二年后，精力大都集中在这个方面，试图探索我国史学理论发展所存在的问题。由于十年浩劫，中断了许多年，现在，只有从头做起了。"[1]

他这里讲的，就是对史学理论状况进行科学的实事求是的总结，最终成果体现为他主持完成的《中国史学发展史》。这部著作成为当时唯一一部囊括了中国古代史学、中国近代史学直至新中国成立前的中国史学通史的著述。这在中国的史学史研究领域是一个明显的突破，为在马克思主义史学理论指导下建立当代中国的新史学体系，打下了有益的基础。

---

[1] 尹达：《从考古到史学研究的几点体会——一九八二年四月二十二日在母校河南师大的谈话》，《河南师大学报（社会科学版）》1982年第4期。

参考文献

1. 中国社会科学院历史研究所中国史学史研究室编:《尹达史学论著选集》,人民出版社1989年版。
2. 中共中央党校教务部选编:《中央党校老讲稿》,中共中央党校出版社2017年版。
3. 齐素玲:《尹达传》,河南文艺出版社2021年版。
4. 谢保成:《尹达的治学道路和学术贡献》,《河南大学学报》1986年第4期。
5. 谢保成:《尹达先生的治学道路——"从考古到史学研究"》,《中国史研究》2007年第1期。
6. 石兴邦:《怀念史前研究的先驱——尹达同志》,《考古》2000年第7期。
7. 瞿林东:《尹达和中国马克思主义史学的理论研究》,《中国史研究》2007年第1期。
8. 杨艳秋、廉敏:《"纪念尹达先生诞辰100周年暨中国历史学论坛"综述》,《中国史研究动态》2006年第12期。

范文澜

从国学家到马克思主义史学家

范文澜
从国学家到马克思主义史学家

范文澜，字仲沄，1893年11月出生在浙江绍兴的一家书香门第。1913年考入北京大学文科预科，次年下半年考进本科国学门。1917年大学毕业后在辽宁、河南等地任教，1923年至1938年先后在南开大学、北京大学、河南大学等校任教。在经历了一年半的游击区生活后，范文澜于1940年1月抵达延安，至1943年5月，一直在马列学院（后改组为中央研究院）工作。离开马列学院后，他到中央宣传部工作。1946年，任北方大学校长兼历史研究室主任。新中国成立后，历任中国科学院中国近代史研究所所长、中国史学会副会长（主持日常事务工作）。1955年6月当选为中国科学院哲学社会科学学部委员。在党的八大、九大分别当选为中央候补委员和中央委员。1969年7月去世。范文澜与中央党校的联系，主要指的就是他延安时期在马列学院和中央研究院的那三年半时间。

一、从国学家到马克思主义史学家

范文澜在北京大学国学门，师从古文学派学者陈汉章、刘师培，尤其深受古文训诂学家黄侃的影响。这些老师们也对"笃守师法"、朝夕诵习经书的范文澜大加奖誉，认为颇堪传授"衣钵"。他在南开大学、北京大学、河南大学前后任教 15 年，主要讲授中国上古史、中国文学史、经学、《文心雕龙》等课程，出版著作有《文心雕龙讲疏》（1925 年）、《水经注写景文抄》（1929 年）《群经概论》（1926 年）《正史考略》（1931 年）、《文心雕龙注》（1936 年）等。梁启超曾为《文心雕龙讲疏》作序，称誉其"征证详核，考据精审，于训诂义理，皆多所发明，荟萃通人之说，而折衷之，使义无不明，句无不达"。《文心雕龙注》由《讲疏》增修而成，新中国成立后一再重版，至今仍获海内外文史研究者的高度评价。也就是说，在赴延安之前，范文澜已经是一位在大学任教十多年的教授和出版多种著作的知名学者了。

在救亡图存的时代大潮激荡下，范文澜并没有固守学术象牙塔，而是积极投身民族革命事业。五卅运

范文澜
从国学家到马克思主义史学家

动后，他在天津参加了各界反帝大游行。1926年开始阅读《共产主义ABC》，同年秋入党。在北京秘密参加左翼文化团体的活动，1930年、1934年两次被捕，被营救出狱。他在抗战爆发前夕编写历史通俗读物《大丈夫》，对历史上25位抗敌御侮的爱国志士、民族英雄，依据多种记载"审慎稽核，组织成篇"，用生动的语言描述壮烈的事迹，号召民众争当坚决抗日、顶天立地的大丈夫。该书充满激情，令人读来为之感动，是范文澜著作生涯的一个转折，为此后《中国通史简编》一书的编写，开拓了先路。开封沦陷后，范文澜到中原游击区，受中共河南省委指示做干部教育工作。在艰苦环境中，范文澜孜孜不倦学习马列主义著作，完成了向唯物史观的转变。

1940年1月，范文澜带着30多箱书籍，辗转到达"寤寐求之"的延安，不久被任命为马列学院历史研究室主任。1941年7月，马列学院改组为中央研究院，范文澜担任副院长，兼任中国历史研究室主任。1943年5月，中央研究院改组为中央党校三部，范文澜被调往中宣部工作。正是在马列学院和中央研究院工作的三年半时间里，直接促使他走上通史研究的道路，撰写出版了《中国通史简编》，着手撰写《中国近代史》，完成了从国学家到马克思主义史学家的跨越。

那段时间里，范文澜曾发表《从烦恼到快乐》一文，形象记录了他转向马克思主义史学研究的心路历程。他形容边区是全中国最快乐的地方，"清算过去四五十年的生活，一言以蔽之曰烦恼。现在开始清爽快乐的生活了"，"中共中央领导人，对党员非党员的政治指导和人格示范，起着不可言喻的伟大影响。所以住在边区的人，没有政治上的迷闷，因为国际国内发生新问题，立刻会得到正确的指示"，"目前全中国找不到像边区那样安静的地方，能让读书人无所顾虑，有吃有穿，平心静气进行读书和研究"，"我以前对马列主义茫无所知，这一年来自信进步不少。我如果努力不懈，一定还会进步"[①]。他的长子范元绥回忆说，除了日常工作，他几乎将所有时间用于研究马列经典，"父亲在学习马、列、毛泽东著作上肯下功夫。为了写好通史，他在一本《联共党史简要读本》的《辩证唯物主义和历史唯物主义》一章上写满了眉批，划满了圈圈杠杠，说明他曾反复精读过。他对毛

---

① 范文澜：《从烦恼到快乐》，《中国青年》1941 年第 3 卷第 3 期。

主席著作更是反复精读，用心领会。"① 由此可见，范文澜在延安获得了更加充分的时间和条件进行学习和研究，阅读了大量马列著作和进步书刊，在研究马列主义方面取得较大进步，为熟练掌握和运用马克思主义观点、方法研究中国历史奠定了重要基础。

范文澜《中国近代史》（上编）

---

① 中国人民政治协商会议全国委员会文史资料研究委员会编：《文史资料选辑》第92辑，文史资料出版社1984年版，第42页。

二、受命撰写《中国通史简编》

范文澜到延安的时候，抗日战争正由初期的战略防御阶段转入战略相持阶段，人民革命力量在抗日烽火中不断壮大，我们党在政治上理论上迅速成熟。党中央特别是毛泽东在从事意义重大的理论创造中一再向全党同志严肃提出学习中国历史的任务，强调研究历史是取得中国革命胜利的必要条件之一。1939年冬，毛泽东与几位同志合作撰写《中国革命和中国共产党》，对两千年中国封建社会和鸦片战争以来的近代社会、近代革命的道路，作了概括而中肯的论述，提出了许多重要论断。范文澜到延安之后，废寝忘食阅读马列著作和党的文件，并且有机会经常与毛泽东和其他党的领导人交谈，这极大提高了他的思想境界，拓宽了他的理论视野。

范文澜任马列学院历史研究室主任后，接到的第一项任务就是根据中央指示编写一本延安干部历史教育教材。"要求在短期内编出一本篇幅为十来万字的中国通史。把几千年文明古国浩如烟海的历史，加以分析、整理归纳在十来万字的小册子里，做到简明

范文澜
从国学家到马克思主义史学家

扼要，一目了然，这对于教育干部和群众是十分必要的，但也是一项极其困难的工作。"[1] 1940 年 8 月，范文澜组织历史研究室的佟冬、尹达、叶蠖生、金灿然、唐国庆等人着手编撰《中国通史简编》。他最初想效仿司马光编纂《资治通鉴》的做法，让其他人仅编资料，由他来统一撰写。但除金灿然外，其余各人于编纂资料外均着手撰史并有所论述，以致文风、观点各异，收上来的稿子有的太详，有的太略，范文澜索性重新编写。

在撰写过程中，范文澜遇到两个问题：一是运用唯物史观关于五种社会形态的学说，分析中国历史，解决古代史分期的问题。要撰写中国通史，首先要对中国古代史进行分期，当时学术界存在以吴玉章为代表的"西周封建说"和以郭沫若为代表的"战国封建说"分歧，范文澜赞同吴玉章的"西周封建说"，运用唯物史观对地下发掘的资料和西周留下来的典籍，从土地所有制、农民的私有经济和西周的分封制度与宗

---

[1] 温济泽、李言、金紫光等编：《延安中央研究院回忆录》，中国社会科学出版社、湖南人民出版社 1984 年版，第 70 页。

法制度等方面论证西周时期开始进入封建社会,并发表《关于上古历史阶段的商榷》一文,成为古史分期中持该学说影响最大的主要代表人物之一。二是如何评介"经学"问题。当时国民党掀起尊孔复古思潮,国共两党在意识形态方面的斗争异常激烈。如何认识和对待经学,是中国共产党人和马克思主义新史学不容回避的现实任务。因范文澜在经学方面有很深造诣,这一历史重任便落在他身上。1940年8月至9月,范文澜应邀在中央党校作三次经学史演讲,整理成文后发表在《中国文化》第二卷(1941年)第二期、第三期上。

解决这两个问题后,范文澜在1941年底完成了60万字的《中国通史简编》上、中两册,原计划下册编写近代部分,因他参加延安整风运动而中断。当时延安学术研究条件艰苦,各种图书资料十分匮乏,成书却如此迅速,主要是由于范文澜此前长期扎实的学术积累,加上他在多年革命活动中对于唯物史观的学习感悟和融会贯通。就是说,他兼通"新""旧"两种学问,既有深厚的旧学功底,又有对新学的独到领会,并在实践中服膺马克思主义。

《中国通史简编》与旧类型历史书不同之处主要有五点:一是肯定历史主人和历史创造者是劳动人民,

范文澜
从国学家到马克思主义史学家

否定了旧历史书中以帝王将相作为历史主人的观点；二是按照马克思主义一般社会历史发展规律，划分中国历史段落；三是强调封建社会的起点是西周，中国封建社会延续了两千多年，但绝不是没有发展的，重点从经济基础的变动着手将其划分为三个时期，说明中国封建社会的发展过程；四是强调阶级斗争和农民起义，揭示封建统治阶级的腐化残暴和对农民阶级的压迫，农民被迫起义，肯定农民起义的作用，同时也指出农民阶级本身缺乏组织性和觉悟性；五是注意收

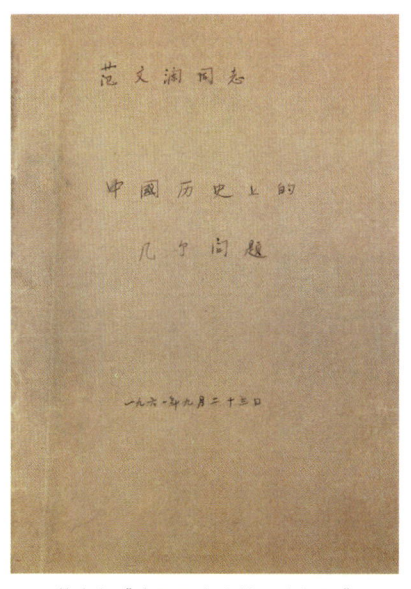

范文澜《中国历史上的几个问题》

集生产资料的材料,书中有不少古代科学发明以及有关农业、手工业的知识①。这五点在当时历史学界是全新的观点和编写方法。

在写作体例上,夹叙夹议,具体事物具体分析,较少直接引用马克思主义经典著作的名句,没有教条主义的空泛议论,反对离开中国特点谈论马克思主义的教条主义,开拓了以马克思主义和历史唯物主义观点撰写中国历史的新学风。在语言文字上,深入浅出,事例生动,采用口语文体,通俗易懂,与当时国民党政府统治区用于教学的晦涩难懂的中国通史类书籍形成鲜明对比。

《中国通史简编》从观点、体裁和语言文字让人耳目一新,出版后风行一时,解放区各地干部视为必读之书,在重庆《新华日报》连载后,在国统区也广受进步青年欢迎。但这本书却令蒋介石国民党感到害怕,该书一问世,在国统区便遭到查禁,但十年间仍然刊发了八种版本,至于各版本的重版、翻印和发行的册数已无法统计。毛泽东对该书评价很高。他说:

---

① 参见范文澜:《关于中国通史简编》,《新建设》1951年第4卷第3期。

范文澜
从国学家到马克思主义史学家

"我们党在延安又做了一件大事","我们共产党人对于自己国家几千年的历史,不仅有我们的看法,而且写出了一部系统的完整的通史。这表明我们中国共产党对于自己国家几千年的历史有了发言权,也拿出了科学的著作了"[①]。

由于延安资料匮乏,《中国通史简编》难免有种种不足。新中国成立后,范文澜把修订《中国通史简编》作为首要工作,以华北大学历史研究室人员为班底,于1950年5月率先创立中国科学院近代史研究所并设立"通史简编组"。中国科学院建院之初,中宣部曾提名他为中科院副院长,他坚辞不就,希望有充分时间写书。他于1953年完成全书绪言和第一编(战国以前),1957年6月完成第二编(秦汉至隋统一),1965年4月完成第三编(隋唐五代十国部分)。总计约110万字。出版时虽称为《中国通史简编修订本》,但实际上并非简单的"修订",而是重新撰写。1978年再版时书名改为《中国通史》。

---

① 北京图书馆《文献》丛刊编辑部、吉林省图书馆学会会刊编辑部编:《中国当代社会科学家》第4辑,书目文献出版社1983年版,第84页。

三、在党校的讲课和其他著述活动

延安当时学术研究气氛相当浓厚，因范文澜对传统经学有精湛的研究，1940年8月至9月，他应邀在中央党校作了三次经学史的演讲，用唯物史观对经学的产生与发展进行系统总结，把纷繁复杂的经学内容初步理出了一个头绪。他指出，经随着封建社会的发展与衰亡而同其命运，"经是封建社会的产物。原始封建社会产生原始的经，封建社会发展，经也跟着发展，封建社会衰落，经也跟着衰落，封建社会灭亡，经也跟着灭亡"。范文澜关于经学的演讲在延安产生了很大影响。前两次，毛泽东都亲自来听，第三次因病未能现场听。事后毛泽东看了第三次的演讲提纲，亲自给范文澜写信，"用马克思主义清算经学这是头一次，因为目前大地主大资产阶级的复古反动十分猖獗，目前思想斗争的第一任务就是反对这种反动。你的历史学工作继续下去，对这一斗争必有大的影响"[1]。

---

[1] 《毛泽东文集》第2卷，人民出版社1993年版，第296页。

范文澜
从国学家到马克思主义史学家

范文澜的演讲整理成《中国经学史的演变》发表出来,字数近三万字,由五部分组成,即前有"绪言",最后是"总结",中间正文分三部分:第一部分汉学系——孔子到唐;第二部分宋学系(道学、理学、心学)——唐到清;第三部分新汉学系——清到"五四"。绪言谈了六个内容:经是什么,经是怎样产生的,经讲些什么,经与经学,经学史的分段,经学发展的规律。三部分正文基本是依历史时代梳理经学史,从孔子到唐是第一个阶段,这个阶段经学的范畴为汉学系。从唐到清是第二个阶段,此阶段经学的范畴为宋学系。从清到五四运动,是第三个阶段,其特征表现为新汉学。范文澜经学研究的意义,在于运用马克思主义的立场观点方法对长达两千年、内容繁复、头绪紊乱的经学历史,作了首创性的系统总结。

范文澜研治中国近代史,是在毛泽东直接指示下进行的。1941年5月,毛泽东在延安干部会议上所作的《改造我们的学习》报告中提出:"对于近百年的中国史,应聚集人材,分工合作地去做,克服无组织的状态。应先作经济史、政治史、军事史、文化史几个部门的分析的研究,然后才有可能作综合的研究。"①1943年3月，毛泽东在中央政治局会议上再次提出重点开展中国近百年史的研究，并提议中国近百年史各专门史的研究作如下分工："政治（范文澜），军事（总参谋部、总政治部），经济（陈伯达），文化（艾思奇作哲学史，周扬作文学史）"②。范文澜接受任务后，只得将编写《中国通史简编》下册的计划先行搁置，投入中国近代政治史的写作。他原计划以1919年五四运动为界分为上、下两编，上编叙述旧民主主义革命时代，下编叙述新民主主义革命时代。上编又分两个分册，1840年至1905年为第一分册，1905年至1919年为第二分册。他全力以赴，1945年已撰写至义和团运动，此时却因离开延安而中止写作。已撰成的书稿，1946年以《中国近代史》上编第一分册之名由新华书店出版。这部著作标志着马克思主义在近代史研究领域确立主导地位的开端，受到学界推重，出版后一再修订重印，至1955年由人民出版社印行第9版，成为马克思主义中国近代史

---

① 《毛泽东选集》第3卷，人民出版社1991年版，第802页。
② 《毛泽东文集》第3卷，人民出版社1996年版，第10页。

范文澜
从国学家到马克思主义史学家

研究的典范之作,教育了好几代人。新中国成立后,范文澜在修订《中国通史简编》的同时,也一直惦记着续写《中国近代史》。中国科学院近代史研究所成立后,范文澜明确以续写《中国近代史》上编第二分册(1901—1919)为首要任务;同时组织近代史所研究人员编纂1919—1949年的史料长编,为撰著《中国近代史》下编做准备。1956年后,他数次着手布置续写工作,甚至还想邀请何干之、胡华等革命史、党史学者参与写作。1969年范文澜病逝,续写工作虽仍在进行,但因无人可以承担下册书稿的统写之责,无法与上册接轨,《中国近代史》终未成完璧。

在中央研究院时期,范文澜还主持编选了作为根据地干部学习文化之用的课本《中国国文选》。这也是由毛泽东指定由范文澜负责编选的。据叶蠖生回忆:"毛泽东同志还指定了一些需要节选的文章,如《聊斋志异》和《西游记》中的一些篇章。这些文字要使只有初中文化程度的人都能读懂,需要加很多注释。于是研究室决定用全力突击完成这一任务,指定由范老、齐燕铭、刘亚生、佟冬、金灿然和我负责。大家突击赶任务,每天都在油灯下工作到深夜。没有夜餐,就在炭火盆上煮几粒枣子吃,觉得味道异常甘美。"①这部《中国国文选》在 1942 年完成付印,毛泽东特别写了序言,强调干部学习文化的重要,称赞文化课本的编成是一大胜利,表扬了范文澜等同志。

新中国成立后,范文澜 1956 年被聘为中央高级党校历史教研室的外聘专家,讲授中国通史课程。1961 年 9 月,范文澜应邀到中央高级党校作题为"中国历史上的几个问题"的报告,漫谈了中国历史上的民族融合、当时史学界对王朝体系的态度,以及如何看待个人在历史中的作用等问题。他指出,中国历史上没有一个时候能脱离民族斗争,历史学者不应害怕斗争、扩张这样的字眼,应尊重历史规律,经济、文化比较低的民族融化到比较高的民族里,这是进步的性质,是很自然的事情;强调王朝体系是自然存在的,要抹也抹不掉的,而且利用它来研究历史,可以表达空间、时间,体现一个朝代的特点;针对不敢提帝王将相名字的现象,强调承认个人的历史作用,对其评价要做到公平公正。这场报告无疑具有鲜明的时

---

① 温济泽、李言、金紫光等编:《延安中央研究院回忆录》,中国社会科学出版社、湖南人民出版社 1984 年版,第 75 页。

代特征，虽然其中很多问题目前都已经成为学术常识，但当年范文澜对这些问题的看法体现出其敏锐的思想、深厚的学养以及高度的学术责任感。

四、严谨治学，谦和为人

跟随范文澜多年的蔡美彪先生，将范文澜的治学态度和特点概括为两个字——"实"和"冷"。这两个字高度而精确地概括了范文澜的治学态度和精神。

"实"就是务实严谨，既包括对历史资料的广泛搜罗和严格鉴别，也包括对历史事实的严密分析和综合。范文澜早年在北京大学求学时，受汉学家治学方法的熏陶，形成了考究钻研的学风，凡事都讲究出处。到延安后，范文澜经历了反教条主义的整风运动洗礼，更加力戒脱离实际的空谈，从中国实际出发研究问题。他曾表示"掌握马列主义，不能只靠书本知识，即使熟读了所有马列书籍，没有实际经验和解决问题的本领，也不过是个空头理论家"[①]。1942年在延

---

① 中共党史人物研究会编：《中共党史人物传》第44卷，陕西人民出版社1990年版，第213页。

安中央研究院一次工作人员大会上,范文澜把撰写著作比作蚕吐丝,蚕不断吃桑叶,一边吃一边消化,成熟了就可以大量吐出丝来,有了扎实的基础,才能写出好作品。曾在延安大学图书馆工作、后跟随范文澜工作的荣孟源,回忆起范文澜的治学态度,"第一是反对说空话,处处言之有据。第二是详细占有材料,从材料中引出结论。材料要经过审查,选取最可靠的最能说明问题实质的记载。第三是有实事求是之意,无哗众取宠之心。范文澜同志这种老老实实的科学态度,是我们学习的好榜样"[①]。在关于古代史分期这一问题上,范文澜就是在占有大量考古发掘资料和西周典籍的基础上,对西周当时的社会经济基础、上层建筑、社会各阶层关系进行全面分析,得出封建社会始于西周的结论。范文澜和周边人说,除非有人能把这些论据推翻,绝不人云亦云。直到他逝世前一直持这种观点不变,成为古史分期讨论中这一派意见的主要代表。此外,范文澜编写的《中国通史简编》广受欢

---

① 中国人民政治协商会议全国委员会文史资料研究委员会编:《文史资料选辑》第 92 辑,文史资料出版社 1984 年版,第 32 页。

范文澜
从国学家到马克思主义史学家

迎、经久不衰的原因之一在于史料翔实，采用很多考古材料作为依据。毛泽东评价说，"他的《中国通史简编》，资料多，让人愿意读下去"[1]。

"冷"是指坐得住"冷"板凳，甘于寂寞，埋头苦干。范元绥回忆，父亲到解放区后在言语中、在行动上处处体现了"要毕一生精力写出一部通史来，富贵于我如浮云"的思想。在延安编写《中国通史简编》时，工作室是个土窑洞。据荣孟源回忆："当时，范文澜和戴冠芳同志带着十几岁的范元维，一家三口住在一孔窑洞里，既是寝室，又是书房、客厅、餐厅兼厨房。窑洞后底支着一个大床铺；前面靠窗处用几块木板支起一个大案子，是书桌也是餐桌。案上有一盏小油灯，黑烟弥漫，火光如豆。"[2]范文澜就是在这盏油灯下，坐在冰冷的木凳子上，依靠一支笔、一支旱烟袋、一盏煤油灯，每天从上午8点写到夜里12点以后。写累了就靠在窑洞墙壁上略微休息一下，再继

---

[1] 中国人民政治协商会议全国委员会文史资料研究委员会编：《文史资料选辑》第92辑，文史资料出版社1984年版，第42页。
[2] 温济泽、李言、金紫光等编：《延安中央研究院回忆录》，中国社会科学出版社、湖南人民出版社1984年版，第182页。

续写作。因背靠土墙,总是弄得一身泥土,戴冠芳做了一个棉垫子钉在墙壁上,再在小凳子上做了一个垫子,算是改善了工作环境。当时纸张极度匮乏,不仅纸质差不好写字,而且反光损伤眼睛,再加上当时延安发动大生产运动,实行勤俭节约,范文澜为了节约灯油,总是将灯头拨得小一些,使原本就近视的眼睛视力更加损伤,最终导致一只眼睛失明。他写书时全神贯注,与他交情深厚的谭余保来向他辞行,正在写书的范文澜头也不抬地嗯了几声,事后才说没听清楚谭余保说了些什么,早知是来辞行应当送一送。可见范文澜写作之专注。

范文澜到达延安时,已是一位很有名望的学者,但是他从未摆过专家的架子。当时马列学院历史研究室的工作人员大都是中青年,年纪较大的范文澜,被尊称为"范老",但范文澜极为谦虚,"他多次不让历史研究室的同志们称他为'范老',他谦逊地说,党内称'老',不能仅因为年事已高,而且还有政治含义,我是不敢当的"[①]。

---

① 温济泽、李言、金紫光等编:《延安中央研究院回忆录》,中国社会科学出版社、湖南人民出版社1984年版,第143页。

范文澜
从国学家到马克思主义史学家

在学术研究上，范文澜同样谦虚谨慎、虚怀若谷。在撰写《中国通史简编》过程中，他将前三章发表在1940年11月至1941年1月的《中国文化》上，以征求大家意见。在引言中他特地申明：陆续发表已成的初稿，借以获得同志们以及全国历史学者的严正批评，来改正自己的错误。书稿还寄给对中国历史颇有研究的吴玉章同志阅提意见，吴玉章在肯定该书价值的同时，也指出书稿不足之处，对几个具体问题提出意见。此外，范文澜组织召开关于书稿批评建议的座谈会，参加讨论的有延安"三老"——吴玉章、徐特立、董必武，学者有谢华、叶蠖生、尹达、佟冬、金灿然、唐国庆。再版时，范文澜根据吴玉章和座谈会上大家提出的意见，对书稿做了修正。1941年，范文澜整理好的演讲提纲《中国经学史的演变》发表在延安出版的《中国文化》，专门写上附言："我对这门学问，既所知有限，代以批判经学的马列主义，更未能窥其途径，谈不到正确运用。那么，我这次试讲，一定错误很多，毫无疑问。我把演讲提纲发表出来，希望学术界友人，尽量给它严厉的驳正，使它完成研究经学的初步任务。在没有接到批判之前，先向友人致我批判的谢意。"①

中央研究院成立后,为加强对中国历史研究室同志研究和学习的指导,范文澜领导中国历史研究室制定了三年研究计划,根据个人研究兴趣和能力,"分三个组进行研究工作:1.近代史组;2.农民土地组;3.民族组"②。除了按组进行研究工作外,还按期开展研究和学习,以一年为一期,每期建立中心方向。"第一年为科学方法之修养;第二年为各种非科学的历史方法论之研究与批判;第三年则从事中国历史轮廓之研究,从实际运用中锻炼已学习之方法。"③三年研究计划引导研究室同志一步一步有针对性地开展中国历史研究,培养了不少掌握马克思主义理论和研究方法的著名学者。

对于身边同志的历史学习和研究工作,范文澜也十分热心。根据荣孟源回忆,1940年夏,因即将离开

---

① 中国社会科学院近代史研究所编:《范文澜历史论文选集》,中国社会科出版社1979年版,第265页。

② 温济泽、李言、金紫光等编:《延安中央研究院回忆录》,中国社会科学出版社、湖南人民出版社1984年版,第8页。

③ 谢一彪:《范文澜传》上卷,中国社会科学出版社2015年版,第303页。

范文澜
从国学家到马克思主义史学家

马列学院，他特地向范文澜求教，这是他第一次拜见范文澜，范文澜不仅随和地说，不要称呼范老，要叫同志，而且对荣孟源的要求样样都答应，还说"你在工作中有困难，随时来找我，我尽力帮助你"[①]。这之后，荣孟源同志不断去请教，写信过去能够很快得到回信；上门请教，范文澜会立刻停止工作来帮助他解决困难。此外，据与范文澜同在历史研究室工作的佟冬回忆，范文澜是最让他难以忘怀的同志之一，"对于像我这样连当他的资料员也不够格的人，也总是循循善诱，耐心帮助"[②]。为了帮助更多同志学习中国历史，范文澜1942年在《学习月报》（第1期）发表学习指导文章《怎样学习中国历史》，同年2月16日为延安干部作《怎样研究中国通史》报告。

[①] 中国人民政治协商会议全国委员会文史资料研究委员会编：《文史资料选辑》第92辑，文史资料出版社1984年版，第32页。

[②] 温济泽、李言、金紫光等编：《延安中央研究院回忆录》，中国社会科学出版社、湖南人民出版社1984年版，第143页。

参考文献

1. 范文澜:《关于中国通史简编》,《新建设》1951年第4卷第3期。

2. 范文澜:《从烦恼到快乐》,《中国青年》1941年第3卷第3期。

3. 谢一彪:《范文澜传》上卷,中国社会科学出版社2015年版。

4. 蔡美彪:《学林旧事》,中华书局2012年版。

5. 中国社会科学院近代史研究所编:《范文澜历史论文选集》,中国社会科学出版社1979年版。

6. 温济泽、李言、金紫光等编:《延安中央研究院回忆录》,中国社会科学出版社、湖南人民出版社1984年版。

7. 中国人民政治协商会议全国委员会文史资料研究委员会编:《文史资料选辑》第92辑,文史资料出版社1984年版。

张如心

理论教育战线上的『红色教授』

张如心
理论教育战线上的"红色教授"

张如心,曾用名张恕安,1908年11月生,广东兴宁人。1926年赴莫斯科中山大学学习,成为第一期学员。1929年回到上海从事左翼文化运动,曾主持中国社会科学作家联盟研究部工作,1931年加入中国共产党并进入中央苏区。期间,他撰写出版4部著作《苏俄哲学潮流概论》(1930年)、《无产阶级底哲学》(1930年)、《辩证法学说概论》(1932年)、《哲学概论》(1932年),起到了传播马克思主义哲学的作用。在中央苏区,曾任红军总政治部《红星》报主编,兼任中央苏区红军学校和红军大学主任教员。长征到达延安后,任红军后方政治部宣传部长,抗大主任政治教员、政治教育科科长,八路军军政学院教育长。这个时期,他发表多篇文章,主要阐述毛泽东思想、马克思主义同中国实际相结合的问题。尤其是,1941年3月他在《共产党人》杂志发表文章,首次使用了"毛泽东同志的思想"的提法。他与中央党校的渊源有两段,第一段是1941年7月至1944年12月在当时的马列研究院（后改为中央研究院、中共中央党校三部），第二段是1952年7月至1958年7月在马列学院（后称中央高级党校）。这中间，他先后到延安大学、东北大学及其后的东北师范大学担任领导职务。张如心一生致力于毛泽东思想的研究和宣传，被誉为中国共产党历史理论教育工作战线上的"红色教授"。代表作有《毛泽东的人生观与作风》《毛泽东对马克思主义唯物论的贡献》《毛泽东对马克思主义辩证法的贡献》《论共产党的群众路线》等。他是党的七大、八大代表，全国政协委员。1955年6月，当选中国科学院哲学社会科学部学部委员。1976年1月因病在上海去世。

一、从马列研究院到中央高级党校

1941年7月，根据毛泽东《改造我们的学习》报告精神，马列学院改组为马列研究院，1941年9月改为中央研究院，毛泽东在研究院成立会议上作了《实事求是》的报告。全院有九个教研室，张如心担任中国政治研究室主任。研究室设中国革命问题、联共党史、时事研究三个小组，拟订了一年半的研究计

张如心
理论教育战线上的"红色教授"

划，包括研究主题、时间分配、研究方法及步骤、组织及会议等六个方面。1941年12月，中央政治局会议决定让张如心任毛泽东的读书秘书，这使他有更多机会了解到毛泽东的思想和作风等方面的情况。对于毛泽东提出的"确立以研究中国革命实际问题为中心，以马克思主义列宁主义基本原则为指导的方针"重要指示，张如心积极拥护，身体力行。这不仅表现在他主持中国政治教研室的工作中，表现在他对毛泽东思想的研究和宣传中，也表现在他对整风运动的态度上。张如心和罗迈、范文澜等一起领导了中央研究院的整风运动。他严肃认真，以身作则，一方面带头学习文件，反省自己；另一方面悉心体察情况，指导运动向健康的方向发展。1943年5月，中央研究院改组为中共中央党校三部，张如心任副主任，一直工作到1944年12月调离。

1952年，时任东北师范大学校长的张如心主动向上级部门提出要求，想暂时离开行政岗位，专心去做一段时期的研究工作。同年7月，中央同意他到中共中央马列学院工作。此时，马列学院在研究处下面设立四个研究室和一个资料室，其中一个是中共党史研究室。张如心到马列学院后，担任中共党史研究室主任。1953年5月，主持马列学院日常工作的杨献珍向党中央提交了《关于马列学院的教学任务、教学方针、组织机构、组织领导及党务工作》的报告，提出改组研究处，建立校一级的教学研究室。6月26日，中央政治局会议批准了这个报告。10月15日，马列学院办公室发出通知，建立十一个教研室，张如心任中共党史教研室主任。自此，中共党史学科在党校的地位和作用得到了明显提高。1955年马列学院改为中央高级党校后，张如心担任中央高级党校教学委员会委员、党委委员。1958年7月，他调离中央高级党校。

1952年张如心再回党校，首要工作是筹建中共党史教研室。当时教研室除了他以外，只有三位同志：杨甫、李琪、佟英明。他们承担全校各个班次（普通班、师训班、短训班等）的中共党史教学任务，工作任务比较繁重。张如心除了自己主讲"新民主主义革命时期的党史"课程之外，还要领导全室工作，制定教学计划，培养教学队伍，安排讲课辅导，进行专题研究，常常夜以继日地工作。

他努力加强教研室建设，建立了集体备课和审阅讲稿等制度，不遗余力培养青年教师，采取先校外、

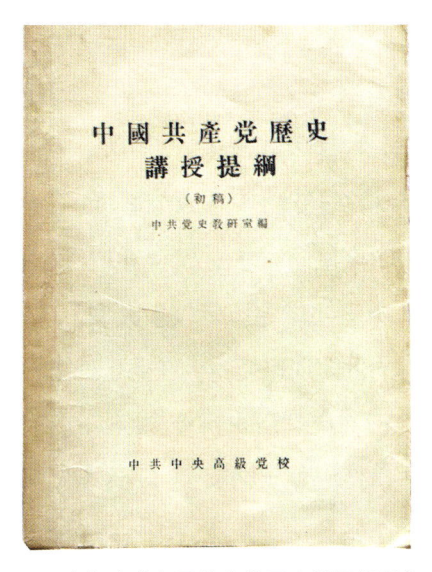

张如心
理论教育战线上的"红色教授"

张如心《中国共产党历史讲授提纲》
（1956年编写）

后校内，先辅导、后讲课，先短训班、师训班后普通班的做法，让青年教师在教学实践中循序渐进地接受锻炼和提高。仅仅经过五年时间，到1957年中共党史教研室的教研队伍就发展到了30多人，教研力量逐渐雄厚，为中共党史教研室的巩固、提高、发展奠定了坚实基础。

为了使中共党史课程的教学系统化、规范化，张如心制定了中共党史课的教学计划。这个教学计划以毛泽东著作、党中央文件为根本依据，以胡乔木的

《中国共产党的三十年》为纲要，分为5个单元：党的成立和国内第一次革命战争，第二次国内战争，抗日战争，第三次国内革命战争，中华人民共和国的成立和国民经济恢复及社会主义改造。

他还带领全室同志在1955年和1956年编写了不同版本的《中国共产党历史教学大纲》，有的供师训班使用，有的供短训班使用。在此基础上，1956年又编写了《中国共产党历史讲授提纲（初稿）》。《中国共产党历史讲授提纲（初稿）》以毛泽东思想为指导，全面阐述了中国共产党从成立到新中国成立以来走过的光辉历程，颇具特色，分12章，共27万多字，后由中共中央党校出版社正式出版。这部著作填补了党史教材建设的空白，为后来中央党校乃至全国党校科学系统地讲授中共党史课程奠定了重要的教材基础。

为了同《中国共产党历史讲授提纲》相配套，在张如心的主持下，中共党史教研室和社会科学资料室从1957年5月开始，陆续编辑出版了《中国共产党历史参考资料》共7册，选编了从1918年11月至1959年6月的历史文献，共186篇，97.3万字，成为非常珍贵的历史资料。

1957年，中央组织部拟对中央高级党校的学制进

张如心
理论教育战线上的"红色教授"

行调整,根据部分学员的意见,打算党校普通班只保留哲学和政治经济学两门课程,把中共党史、党的建设和苏共党史三门课程取消掉,留待学员将来在工作岗位上业余自修。张如心觉得这种调整不妥,4月5日给刘少奇同志写了亲笔信,信中写道:"学员普遍地感到一年的时间学习五门课程,分量过重,不容易学好,这是事实。在这一问题上做一些调整是必要的,但由此而主张取消中共党史课程却不见得妥当,而且对于全国的干部学习将会有消极的影响。一部分坚持主张好好学习中共党史的学员认为,忽视本国党的历

张如心《中共党史结束语》
(1956年讲授记录稿)

史学习，是不适当的。我个人认为高级党校普通班应该最低限度设立哲学、政治经济学、中共党史三门课程。"[1]刘少奇看到张如心的信后，于5月29日作出批示："请定一、子文、杨献珍同志考虑。张如心同志的意见是应当考虑的。"[2]在张如心据理力争下，在中央领导支持下，中共党史课程终于在中央高级党校得到保留。此后，经过多年的积累和发展，中共党史学科成为中央党校的优势学科，在党校系统甚至全国各高校中学科地位首屈一指。

二、党内研究、宣传毛泽东思想的带头人

张如心始终追求开阔的思想文化视野。他自觉加强知识积累，并将中外文化知识融会贯通，培养自己看问题、研究问题的宽阔视野，成为一个具有

---

[1] 中共中央党史和文献研究院、中央档案馆编：《建国以来刘少奇文稿》第8册，中央文献出版社2018年版，第409—410页。

[2] 中共中央党史和文献研究院、中央档案馆编：《建国以来刘少奇文稿》第8册，中央文献出版社2018年版，第409页。

张如心
理论教育战线上的"红色教授"

深厚理论功底和广阔学术眼光的马克思主义理论工作者。

他心无旁骛，潜心钻研，多年来一直专注于毛泽东思想的研究宣传阐释，数十年如一日，研究成果颇丰。1941年3月20日，张如心在《共产党人》杂志上发表了题为《论布尔什维克的教育家》一文，在文中首次使用了"毛泽东同志的思想"这一概念。文中提到，我们的教育人才，首先一条"应该是忠实于列宁主义、斯大林思想，忠实于毛泽东同志的思想"[①]。从现在看到的历史材料来说，这一提法应该是"毛泽东思想"这一科学概念形成过程中的最初的提法。

张如心担任中央研究院中国政治研究室主任后，不仅自己孜孜不倦学习毛泽东著作，而且还撰写了不少关于毛泽东著作、文章的专题辅导学习报告。1942年2月18日、19日，《解放日报》以连载形式全文刊发了他的《学习和掌握毛泽东的理论和策略》一文。这篇文章的理论逻辑非常强，将毛泽东的理论和

---

① 张如心：《论布尔什维克的教育家》，《共产党人》1941年第3期。

策略分成思想路线、政治路线和军事路线三个组成部分，强调这三个部分构成了毛泽东理论和策略的体系，脉络更加明晰，结构更加合理。张如心在文中明确提出了"毛泽东同志的理论就是中国马克思列宁主义"[①]。在这一时期，他还发表了《在毛泽东同志的旗帜下前进》《论创造性的学习》《理论与实践的统一：干部修养问题之一》等文章，总结了毛泽东一系列著作在发展马克思主义理论方面的创造性贡献。他主要从五个方面研究和宣传毛泽东思想：首次提出"毛泽东同志的思想"概念，科学概括毛泽东思想的方法论，完整阐述毛泽东的政治理念，全面介绍毛泽东的军事思想，中肯评价毛泽东著作和个人贡献等。可以说这一时期，他是党内研究、宣传毛泽东思想的带头人。

张如心关于毛泽东思想的科学概括和系统论述，为后来"毛泽东思想"这个科学概念的形成，以及后来"毛泽东思想"被确立为全党的指导思想，提供了科学的参考意见。1943年7月，在纪念建党22周年

---

① 张如心：《学习和掌握毛泽东的理论和策略》，《解放日报》1942年2月19日。

张如心
理论教育战线上的"红色教授"

《理论与实践的统一：干部修养问题之一》（1941年在《共产党人》上发表）

大会上，王稼祥正式提出"毛泽东思想"这个科学概念，1945年6月刘少奇代表党中央在七大所作的关于修改党章的报告，集中理论工作者的研究成果和意见，对毛泽东思想作了完整的系统的阐述。党的七大把毛泽东思想写进党章，正式把毛泽东思想确立为中国共产党的指导思想。

在中央高级党校工作期间，张如心更是花费了大量时间和精力专注于毛泽东思想的研究和宣传。这一时期他主要结合中共党史来研究阐释毛泽东思想，特别是毛泽东的哲学思想。从1953年到1957年，他撰写了7部专著，成为他研究的高产时期。

《斯大林对中国革命理论的伟大贡献》一文是张如心为追悼斯大林逝世而作的，最早发表在《人民日报》上（1953年4月3日），后作了补充修改，由中国青年出版社出版。书中重点介绍了斯大林对中国革命理论的贡献，指出斯大林对中国革命所作的指导有不少合理的成分，被以毛泽东为代表的中国共产党人借鉴吸收后，结合中国革命的实际经验，逐步发展成为无产阶级领导的新民主主义的革命理论。这一判断是比较客观公允的。

《关于毛泽东同志在第一次国内革命战争时期的两篇著作》一书，是1953年6月张如心给马列学院学员讲授毛泽东《中国社会各阶级的分析》和《湖南农民运动考察报告》两篇著作时的讲稿。经过修订，9月由人民出版社出版，迅速引起理论界重视，随即于10月重版在全国发行，后来苏联学界还进行了翻译出版。张如心把毛泽东在大革命时期发表的两篇著作综合起来研究，并同陈独秀引导大革命失败的右倾观点加以比较，系统完整论述了毛泽东关于中国革命的基本理论的准确性，"无疑是对建国初期学习毛泽东著作

张如心
理论教育战线上的"红色教授"

和党的历史有很大的帮助,成为当时学习研究中的代表作之一"[①]。

1953年和1954年,张如心又先后撰写了《毛泽东同志对马克思主义唯物论的贡献》和《毛泽东同志对马克思主义辩证法的贡献》两本书,由人民出版社出版。这两本书主要阐述了毛泽东《实践论》《矛盾论》的基本思想观点,着重叙述了毛泽东在发扬唯物辩证法的认识论和方法论上的杰出贡献。1957年出版的《论共产党的群众路线》也是张如心这个时期的代表作之一。这本书从理论上概述了党的群众路线的基本内容和观点,特别是对"贯彻党的群众路线应注意的几个问题"的总结,具有很强的理论意义和现实意义。他提出了"与群众同甘共苦客观上的要求就是不能脱离群众""我们要善于不断地根据人民群众的意见和经验来修改充实我们的指导方针""我们要使广大人民群众和党员干部懂得什么是民主生活,什么是民主制和集中制,并如何实行民主集中制"[②]等一系列重要观点。

[①] 张静如主编:《毛泽东研究全书》第2卷,长春出版社1997年版,第1550页。

[②] 张如心:《论共产党的群众路线》,人民出版社1957年版,第27、41、39页。

这一时期，他还撰写了《批判胡适的实用主义哲学》（人民出版社 1955 年 8 月出版）、《论我国过渡时期的经济基础与上层建筑》（人民出版社 1956 年 9 月出版）等著作。这些成果的取得，离不开他长期革命斗争的经验总结和切身体会，离不开他对理论的不断探索和创新，更离不开他不知疲倦地砥志研思。

三、理论联系实际的教学之法

张如心始终倡导并践行理论与实践相统一的学风。他认为学习和掌握马列主义的理论，需要掌握它的精神实质，而不是背诵它的词句和结论，并且要根据精神实质去改造自己的思想工作，去解决当前的实际问题。他在《理论与实践的统一：干部修养问题之一》一文中指出："我们学习马列主义理论的唯一目的，是为了解决中国问题，为了改造中国社会，完成中国革命。"[①] 提倡学习列宁、斯大林、毛泽东的方法和精神，"学习他们如何掌握马列主义的实质，如何以

---

① 张如心：《理论与实践的统一：干部修养问题之一》，《共产党人》1941 年第 19 期。

张如心
理论教育战线上的"红色教授"

新的经验去充实发展马克思主义。"①

  作为党校教员,张如心曾为中央高级党校普通班、短训班、师训班数千名学员讲课。在党校的教学当中,他始终坚持贯彻理论联系实际的教学方针,从课程安排到教学计划的制定,再到授课老师的选择,无一不体现这一方针。他授课联系实际,深入浅出,深受学员欢迎。1953年他给第一部二、三班和第二部二班讲授中共党史时,特别注意两点:一是讲解毛泽东著作时,注意引导学员批判教条主义和经验主义,区分真假马克思主义。二是注意理论与各个历史阶段的具体情况相结合,从而有助于学员理解毛泽东提出的理论观点和政策的客观依据。为了紧密地联系实际,他还邀请中央各有关部门负责同志来校作专题报告。大多数学员都感到非常有收获,表示对我们党产生、发展、壮大的光辉历史有了全面的学习,对毛泽东思想的主要内容有了系统完整的了解,对教条主义和经验主义给中国革命造成的危害有了进一步的认识,澄清了"学习毛泽东思想不如学习马列主义理

---

  ① 张如心:《理论与实践的统一:干部修养问题之一》,《共产党人》1941年第19期。

论重要"①的错误观念。

张如心是马克思主义、毛泽东思想的研究者,更是马克思主义、毛泽东思想的布道者。课堂上,他不遗余力地宣传毛泽东思想,强调学习党史要与实际相结合。他认为党史教育的灵魂是两种世界观的教育问题,学习毛泽东思想就是要学习毛泽东的思想方法和工作方法。1956年3月27日,他给四班和新闻一班作关于《中共党史问题解答》的报告,系统讲解了研究党史的目的、历史分期、民主革命的主力等问题。给学员们推荐参考书时强调要读马克思主义经典著作,也要读毛泽东的著作。他认为,毛泽东的著作是马列主义理论与中国革命实践相结合的典型的结晶体,作为一个中国的马列主义者,必须研究和熟悉毛泽东的著作,这是研究分析中国社会、解决中国问题最好的指南针。1956年7月20日,他作题为《〈无产阶级专政的历史经验〉一文在党史教学和科学研究上需要注意的问题》的报告,强调多讲毛主席的著作不是个人崇拜,讲党史应该联系实际,强调理论联系实际,特

---

① 刘海藩、朱满良主编:《中共中央党校名师》第1卷,中共中央党校出版社2002年版,第318页。

张如心
理论教育战线上的"红色教授"

别要联系当前的历史任务、地区工作等现实问题来研究党史,反对机械的、为联系而联系的做法。

张如心在授课时,对历史事件的评价比较中肯,在一些问题上有自己的独特见解。比如他在讲"长征"时,提到遵义会议,他讲道:"遵义会议解决了两个问题,一个是清算了军事路线,肯定了毛主席的正确,一个是改变了领导,撤掉'左倾'分子的领导职务。从此以后,军事委员会是毛主席当,政治局毛主席是主要负责人。遵义会议的意义就在这里。"[1]在讲授"中国革命的胜利和中国共产党"课程时,除了毛泽东在《〈共产党人〉发刊词》中总结的三个主要问题,即武装斗争、统一战线和党的建设以外,张如心在此基础上又进行了丰富和发展。他指出:"中国共产党要善于创造性地运用和发展马克思列宁主义的理论,正确地解决中国革命中间所提出来的各种问题,才能够领导中国革命取得胜利;中国革命没有国际的援助,胜利是不可能的。"[2]这些观点都能被学员们普

---

[1] 中共中央党校教务部选编:《中央党校老讲稿》,中共中央党校出版社2013年版,第225页。

[2] 中共中央党校教务部选编:《中央党校老讲稿》,中共中央党校出版社2013年版,第244页。

遍接受并大有获益。

四、博览群书　冰心可鉴

张如心勤奋读书，从不懈怠。他的老同事沈漪回忆时提到，张如心平生最厌恶懒惰，厌恶无所事事，浪费时间。读书是他生活的第一需要，他博览群书，坚持不懈地作眉批笔记。马克思主义的经典著作和毛泽东的重要著作，他不知道学了多少遍。他在中央研究院制定的计划里，专门列出了每日的学习计划：学习联共党史2小时，外国文2小时，读报2小时。

他对参考书的选择非常审慎，特别注重读原著。他认为，参考书分为基本的和补充的两种，基本的必须详读并作札记，补充的可选读。比如关于联共党史的研究，他不读一般的参考书，而是围绕联共党史读列宁的名著，如《从二月革命到十月革命》《共产主义运动中的"左"派幼稚病》等。还通过详读《解放日报》国内版、边区版的有关社论、专论，以及大后方的报纸杂志，来了解中国的政治情况和政治动向，并作详细的札记。

在中央高级党校工作时，他也要求教研室的同志

张如心
理论教育战线上的"红色教授"

们认真学习文件，钻研史料，要求每个人都要做读书札记，定期进行集体交流和学习。他认为党的教育人才要认真阅读马克思主义经典著作与毛泽东的主要著作，学习他们创造性的工作方法，然后才能通过干部教育的形式教育全体党员。

张如心襟怀坦白，勇于自我批评。1942年2月1日，毛泽东在中央党校大礼堂作了《整顿党的作风》的报告后，张如心2月23日就在《解放日报》发表了《为打倒主观主义宗派主义与党八股而斗争》的文章，认为自己在九一八事变前出版的《哲学概论》一书是德波林主义的产物。有一次，他在图书馆阅览室看到了自己写的《哲学概论》，立即就在扉页上批道："这本书是教条主义的，以后再也不能看了。"[1]

在整风运动中，也有人用小品文和漫画来讽刺他，但他对这些毫不在意，仍然严格要求自己，用自己的模范行动来教育和引导其他同志。有的部门向他调查其他同志的情况，他不论调查对象职务高低，不

---

[1] 温济泽、李言、金紫光等编：《延安中央研究院回忆录》，中国社会科学出版社、湖南人民出版社1984年版，第192页。

论关系亲疏远近，都能做到实事求是，有就是有，没有就是没有，展现了高尚的人格情操。

张如心提出要建立为人民服务的人生观。他认为，这就需要研究社会发展的规律，要更多更深地了解人民的要求、呼声、情感；要准备一种为人民服务的本领。"不仅决心为人民服务，而且善于为人民服务。"[①]他是这么说的，也是这么做的。他始终遵照毛泽东的教导，把马克思主义普遍原理同中国革命的具体实践结合起来，进行理论研究和教学工作。通过教育、报刊、论战等多种途径让马克思主义哲学"飞入寻常百姓家"，在系统传播马克思主义哲学原理、毛泽东哲学思想方面发挥了独特且重要的历史贡献。

他敢于同错误思想做斗争。1942年，张如心对王实味在报刊上和群众中散布的"蜕化论""人性论"等极端错误的观点进行了深刻的批判，澄清了人们混乱的思想，教育了广大青年知识分子，对于坚定人们对革命的信心，提高人们的思想觉悟，起到了重要的作

---

① 张如心：《毛泽东的人生观——在华北联大的讲演》，《北方文化》1945年第1期。

张如心
理论教育战线上的"红色教授"

用。在中央高级党校工作期间,他同当时分管党校的康生故意歪曲理论联系实际的方法,破坏党校教学工作的行径,进行了坚决的斗争。

张如心宣传毛泽东思想,但是不搞个人崇拜,不把毛泽东放在全党之上,这点尤其难能可贵。他看到一个文件上把马克思列宁主义和毛泽东思想割裂开来的说法,他十分愤慨地说:"连科学的良心都不要了!"林彪别有用心地提出"顶峰论",他在学习讨论会上明确指出:"'顶峰论'这个提法不科学,马克思列宁主义、毛泽东思想还要发展,发展本身就是马克思主义、毛泽东思想的基本观点。"[①]

1958年,张如心遭到错误批判,被迫调离党校。在"文化大革命"中他进一步受到迫害,身心遭受严重摧残,但他始终坚持马克思主义的真理,没有向错误思想屈服,在逆境中从未动摇过理想信念,仍然坚持理论研究,直到生命最后一刻。

---

① 何立波:《公开提出"毛泽东同志的思想"的第一人》,《党史文汇》2011年第12期。

参考文献

1. 张如心:《论共产党的群众路线》,人民出版社1957年版。

2. 张如心:《论布尔什维克的教育家》,《共产党人》1941年第3期。

3. 张如心:《学习和掌握毛泽东的理论和策略》,《解放日报》1942年2月19日。

4. 何立波:《公开提出"毛泽东同志的思想"的第一人》,《党史文汇》2011年第12期。

5. 刘海藩、朱满良主编:《中共中央党校名师》第1卷,中共中央党校出版社2002年版。

6. 中共中央党校教务部选编:《中央党校老讲稿》,中共中央党校出版社2013年版。

7. 温济泽、李言、金紫光等编:《延安中央研究院回忆录》,中国社会科学出版社、湖南人民出版社1984年版。

杨献珍

一生在党校教育事业中「春风风人」

杨献珍
一生在党校教育事业中"春风风人"

杨献珍，1896年7月生，湖北十堰人。1916年考入武昌商业专门学校，开始关心政治。1920年毕业后留校任教。1926年11月加入中国共产党。新民主主义革命时期，两次被捕入狱，关押7年。在草岚子监狱被关押期间，他担任狱中党支部学习干事，翻译马列主义经典著作。出狱后到山西工作。1940年1月任北方局秘书长，为北方局党校讲授《联共（布）党史》。1942年2月任北方局党校党委书记兼教务主任。1945年2月起任中央党校教务处第一副主任，8月兼二部主任。1945年11月带领中央党校数百名干部、学员赴东北。1946年1月留任晋察冀中央局党校副校长。1948年11月至1965年9月先后任马列学院教育长、副院长、院长，中央高级党校校长、党委书记，中央高级党校副校长、党委副书记。1955年6月当选中国科学院哲学社会科学学部委员。1979年1月起任中央党校顾问。1992年8月去世。如果从1942年2月在北方局党校任职算起，他把一生的大部分时间献给了党的干部教育培训事业。

一、自觉运用马克思主义理论研究社会现实问题

重视研究和宣传历史唯物主义的基本原理，坚持理论联系实际，自觉运用马克思主义理论研究社会现实问题，在杨献珍身上表现得特别突出。在担任北方局秘书长期间，他对抗日根据地的社会性质、政权建设、文化工作、法制建设等问题进行了全面了解和深入研究，经常在报刊上发表文章。在党校教学中，他针对理论脱离实际的教条主义和形而上学的错误倾向，大力宣传唯物辩证法，在学员和干部中开展思想方法和工作方法的教育，用马克思主义的世界观和方法论武装党员干部的头脑，提高他们贯彻执行党的路线、方针、政策的水平。他把马克思主义理论与革命实践相结合，在党性认识、整风运动、群众路线、思想方法等问题上有一些深刻见解，写了不少有影响的文章。尤其是，他密切关注中国革命和建设实践中的重大问题，用马克思主义哲学作为思想武器去观察和分析，对思想理论界争论较多的哲学问题提出了一些

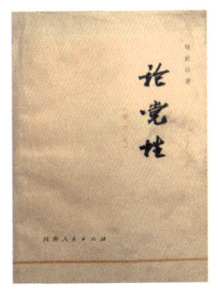

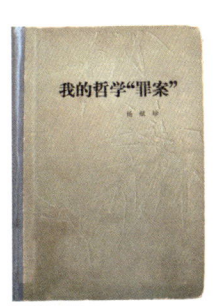

杨献珍
——生在党校教育事业中"春风风人"

杨献珍《论党性》《我的哲学"罪案"》

深刻而又独到的见解。他的代表性著作有《论敌后抗日根据地的社会性质》《什么是唯物主义？》《论党性》《我的哲学"罪案"》等。

党的八大前后，我国社会发生激烈变化，如何认识这些变化，理论界出现了一些不同看法。杨献珍参与到一些理论问题的争论之中。第一场争论是关于如何理解我国过渡时期的经济基础与上层建筑问题。第二场争论是关于"思维和存在的同一性"问题。这两场理论问题的争论，从不同学术观点之间的争鸣，后来演变成为对他的政治斗争。第三次争论发生在1964年至"文化大革命"前夜，即关于"一分为二"和"合二而一"的争论。

在当时那个特殊年代里，原本单纯的理论争论被裹以政治上的诽谤诬陷，杨献珍因此引来牢狱之灾。

他后来回首那一段经历,却坦然地说:"我不是哲学家,更不是职业哲学家,对马克思主义哲学没有什么新解释、新创造,只是因为工作关系,在马列学院于教育行政工作之外,担任了一小部分教学工作,在讲哲学课时自己主观上力求按照马克思主义哲学基本原理的本来面貌去理解,并用此以向学员说明某些现实问题。"①

二、提出党校"十六字教学方针"

1946年5月,杨献珍和中央党校干部队②帮助创办晋察冀中央局党校,任副校长兼教务长,实际主持教学和行政工作。那时候,他就很注意了解学员的思想情况。有一次,他问一个学员:"什么是毛泽东思

---

① 《杨献珍文集》第1卷,河北人民出版社1986年版,序言。

② 1945年9月,日本投降不久,党中央提出"向北发展、向南防御"的战略方针和"发展、控制东北"的任务,陆续派出2万名干部和11万大军挺进东北,中共中央党校是抽调干部的重点单位,杨献珍率领二部学员在奔赴东北的途中,由于受国民党军阻挠,重返张家口待命,此处干部队,即指这部分人员。

杨献珍
一生在党校教育事业中"春风风人"

想?"那个学员回答:"毛泽东思想就是马克思列宁主义的普遍真理与中国革命的具体实践相结合。"他又进一步问:"什么是马克思列宁主义的普遍真理?怎样把马克思列宁主义的普遍真理与中国革命的具体实践结合起来?"[1]那个学员支支吾吾,半天也没有答上来。这引起了他的注意。他感到,帮助这些干部学习毛泽东思想,应该帮助他们解决怎样把马克思列宁主义的普遍真理与中国革命的具体实践结合起来,也就是帮助他们把理论与实际结合起来。这成为杨献珍在党校干部教育生涯中始终高度重视的中心问题。

解放全中国、夺取全国政权的胜利前景,给中国共产党带来很多新的课题,提高全党首先是领导干部的理论水平,就是其中的重要一项。一些党员和干部理论水平不高,后来又犯了把马克思主义教条化、把苏联经验神圣化的错误。延安整风批评和纠正了教条主义,使广大干部进一步掌握了马克思列宁主义的普遍真理与中国革命的具体实践相统一的基本方向,使党的理论水平有了明显的提高。但解放战争初期,一

---

[1] 龚士其等编:《杨献珍传》,中共党史出版社1996年版,第124页。

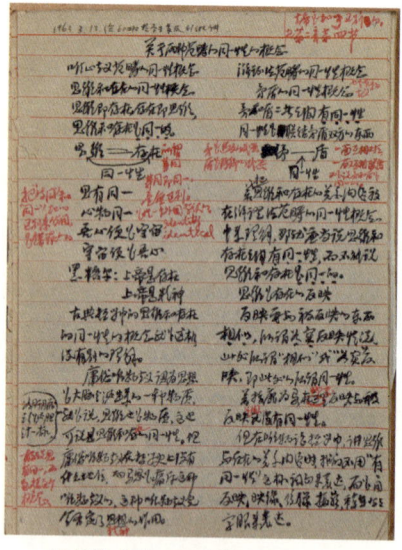

杨献珍《关于两种范畴的同一性概念》
（1963年手稿）

些同志又忽视了理论学习，"经验主义已经成为党内思想中主要的危险"[①]。毛泽东强调，要完成解放全中国的任务，做好接管城市后的各项工作，我们党的理论水平就"必须提高一步"，不但"要提高，还要普及"[②]。

[①]《中共中央文件选编》第17册，中共中央党校出版社1992年版，第326页。

[②]《毛泽东文集》第5卷，人民出版社1996年版，第137—138页。

杨献珍
一生在党校教育事业中"春风风人"

1948年7月,中央决定创办高级党校,名为马列学院,杨献珍任教育长。按照中央决定,马列学院的任务"为比较有系统的培养、具有理论的党的领导干部和宣传干部",招生对象为"参加过实际工作(参加学生运动及其他政治运动在内)5年以上,在政治上思想上有相当的思考能力,政治正派,文化程度要能写文章或相当于高中毕业以上水平,身体健康,党龄不拘。一切学生均须经过考试,但由中央特别批准的高级干部则不在此限"[1]。1948年12月14日,刘少奇到马列学院为学员作第一次讲话,指出:"马列主义是我们党的理论基础,但我党在提高理论修养方面是有缺点的,我们的干部几年来做了很多工作,缺点是理论修养不够,许多同志最重要的缺点就在这里","我们要提高党的干部的理论水平,使各方面比较负责的干部具有或多少具有马列主义的理论修养……就是要使一些负责干部,有时间有机会学到一些马列主义理论,或多或少具有马列主义理论修养,再回到工

---

[1] 《建党以来重要文献选编(1921—1949)》第25册,中央文献出版社2011年版,第370页。

作中去，把工作做得更好。"①

作为教育长，杨献珍负责制订教学计划。他认真研究了党中央和毛泽东、刘少奇等同志关于党校工作的指示特别是延安整风中得到发扬的理论联系实际的思想，充分考虑党的高级、中级干部的实际情况，系统统筹课程安排、教学进程、教学方法等，还多次征求胡乔木、安子文等其他党校相关部门负责人的意见。马列学院第一期的教学计划按照学习时间一年半来安排，分为三个学期：第一学期主要学习中外史地的普通常识，包括社会发展史、中国通史（着重现代史）、近代西方史、世界经济地理；第二学期主要学习马克思列宁主义三个组成部分，即政治经济学、政治科学、哲学；第三学期学习毛泽东思想与中共党史，进行专题研究；为锻炼学生的政治与写作能力，每学期安排规定文章作法和作文的功课。

这个教学计划充分体现了党中央关于开办马列学院的指导思想，也反映了杨献珍关于党校教育的思想。

---

① 《刘少奇选集》上卷，人民出版社1982年版，第410—411页。

杨献珍
一生在党校教育事业中"春风风人"

一是系统学习马克思主义。马克思主义是一个严密的科学体系，包括哲学、政治经济学、科学社会主义三个组成部分。要从总体上准确地把握马克思主义理论的精神实质，就必须按照马克思主义本身的内在联系，有重点、有计划地学习这三个组成部分，既不是零碎地随意地学几本原著，也不是全面地阅读马克思主义的所有经典著作。

二是理论联系实际。毛泽东在《改造我们的学习》中指出，对于在职干部的教育和干部学校的教育，应确立以中国革命实际问题为中心，以马克思列宁主义基本原则为指导的方针，废除静止地孤立地研究马克思列宁主义的方法。杨献珍在历次教学计划及教学活动中，都紧紧坚持这一方针，尤其是把延安整风经验引进到比较系统地学习马列主义理论中来，强调既要理论联系工作实际，用以改造客观世界，又要联系学员自己的思想实际，用以改造主观世界，使自己真正成为一个马克思主义者。他尤其痛恨那种"短笛无腔信口吹"的不负责任的慵懒作风，反对那种讲哲学离开马克思主义哲学基本原理、把事物之间机械的外部联系说成是"矛盾"的信口开河，说讲哲学不能是"即兴赋诗"①,强调密切联系实际的重要性。

三是以学习原著为主。马克思主义的观点,原著说的最清楚最可靠,只有通过学习原著才能准确地理解马克思主义理论的精神实质,而不是把主要精力用于阅读阐释马克思主义的第二手著作上。

四是倡导自学为主。一个人学习的好坏基本上取决于自己,所以自学理所应当地成为党校的主要学习方式。教员讲课固然重要,可以为学员指引思路,启发思考,帮助克服难点;集中讨论也必不可少,可以相互启发,帮助学员更全面更深入地认识问题,有些疑难问题和错误的理解,也可以在讨论中得到解决,但这些都代替不了自学,只有个人深入地思考才能掌握马克思主义理论的真谛。

1953年是马列学院各项工作全面发展的一年,中央决定马列学院分设两部,第一部专门培养高等学校、党校的马列主义师资干部,第二部的任务是培养具有独立工作能力的党的各项实际工作的领导干部。中央任命杨献珍为副院长。他总结了马列学院开

---

① 关山编:《杨献珍研究资料》,湖南人民出版社1987年版,第85页。

杨献珍
一生在党校教育事业中"春风风人"

办 4 年多的经验，在广泛进行调查研究的基础上，对教学任务、教学方针、组织机构及若干年内的发展前景都做了深入研究，于 5 月 23 日向毛泽东并党中央正式上报《关于马列学院的教学任务教学方针，组织机构，组织领导及党务工作的报告》，提出马列学院 5 年内的建设计划，并第一次提出"十六字教学方针"，即：学习理论、提高认识、联系实际、改造思想（1956 年经中宣部报请中央决定改为"学习理论、联系实际、提高认识、增强党性"）。

杨献珍希望马列学院引导学员理论联系实际，以延安整风的精神学习理论，改造自己的主观世界。为实现这一目标，就要通过执行"十六字教学方针"，充分发挥学员潜在的思想能力和政治经验，在中心课程和关键问题上，给以较充分的时间，使之集中精力，深入钻研，反复思考，最终有效运用于实际工作当中。

1953 年 8 月，中央组织部作出《关于加强党校工作的决定》，规定党校的教学方针必须是学习理论、提高认识、联系实际、改造思想。这个文件经过中央宣传部召开的各中央局理论处长座谈会讨论后发至全国，于是"十六字教学方针"也就成了全国党校的教学方针。这是杨献珍为党校事业作出的一个重要贡献。

三、探索教学干部培养和加强教研室建设

1955年8月，根据中央决定，马列学院改为中央直属高级党校，主要轮训党的高级干部，设两种班次：研究班，招收省委书记、副书记、省长和中央机关政府部长及与此相当的领导干部；普通班，招收地委书记、副书记、专员，中央和地方的司局级干部以及与此相当的大厂矿厂长、党委书记一级领导干部，学习时间一年。同时也招收师资班和新闻干部班。杨献珍任中央高级党校校长。

中央对中央高级党校作出的安排部署，目的是适应新时期新形势、提高全党的马克思列宁主义理论水平。但杨献珍也清醒认识到，面对这样的新形势、新任务，党校的教学力量还远不能与教学任务相适应，因此，教研室和教学队伍的建设成为党校建设迫切需要解决的问题。

教师是教育的第一资源，教学人员的思想理论水平决定了教学质量。党校教师的政治方向，决定了党

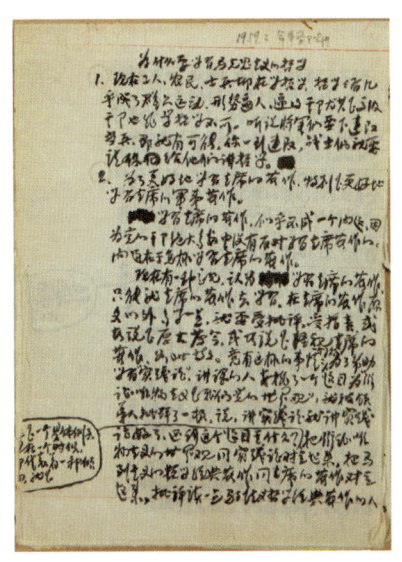

杨献珍
一生在党校教育事业中"春风风人"

杨献珍《为什么要学习马克思主义的哲学》（1959年手稿）

校的方向，决定了党校要培养出什么样的人。因此，杨献珍在中央高级党校改名之初最重视的一项工作就是建好教师队伍。1956年2月，中央高级党校校委会在杨献珍主持下召开会议，讨论制定长期发展规划，一项很重要的内容就是培养教学干部和教研室的建设。

一是正确树立培养教学干部的目标。杨献珍一贯强调，党校的教学是为了使学员学会运用马克思主义，牢固地、比较完整地树立马克思主义世界观，为此教学干部首先要做到这一点。他在高级党校第二次党代会的闭幕式上作会议总结时指出：在我们的教学中应该解决这样两个问题：(1)在讲课中如何把马克思主义的普遍真理与中国革命的具体实践结合起来。(2)反过来，如何把中国革命的具体实践提高到马克思主义普遍真理的高度上来认识。

二是坚持科研与教学相结合。开展科学研究是培养教学干部的基本途径。杨献珍根据党校情况，认为党校的科研工作与专门从事科研工作的单位不同，不能脱离教学，必须实行"科研与教学相结合""科研为教学服务"的方针，各教研室担负教学任务的同志应该把有计划地阅读经典著作和党的文件、写出有创造性的讲稿作为研究的主要形式，以研究的成效推动教学力量的增长。

三是建立学衔制度。杨献珍认为，这是建立一支坚强的教学队伍、使教学人员安心工作的有力手段。校委会于9月24日确定讲师、助教各12人，助理研究员和研究实习员各1人。这一制度促进了教员专注于学术研究，树立起理论教学工作的事业理想。

四是密切联系实际培养教员。1956年8月，党的八大明确指出，我国已进入社会主义社会，国内的主要矛盾已经是人民对于建立先进的工业国的要求同落

杨献珍
一生在党校教育事业中"春风风人"

后的农业国的现实之间的矛盾,已经是人民对于经济文化迅速发展的需要同当前经济文化不能满足人民需要的状况之间的矛盾。杨献珍出席了这次会议,并深刻感到,党的八大在新的历史条件下提出了一系列新问题,同样也是党校教学中的主要课题,全党需要研究,党校更需要研究。于是,经校党委讨论后,他布置各部班学员集中学习党的八大文件,要求各教研室以学习党的八大文件为中心,结合教学业务进行科学研究,制定科研规划、确定研究专题,召开理论讨论会或座谈会等,营造了浓厚的科学研究氛围。

五是因材培养。杨献珍非常关心教学干部的成长,要求他们熟悉本专业的理论,成为本专业的专家。对于那些理论基础较好、讲课受欢迎的人,给予重担,比如推荐给中央负责同志兼任秘书,参与中央文件起草工作、写重要文章,到外单位作学术报告等。对于刚从大学毕业来校工作的青年教师,他要求他们加强对马克思主义经典著作的学习,特别是加强实际工作锻炼,鼓励他们到基层做调查研究。

六是加强教研室建设。杨献珍明确,教研室的任务要主管本门学科的全部教学工作,包括制定并实施教学计划、编写教学提纲、检查了解学习情况、考试、总结等，实行专业专管的责任制度；要负责本门学科教学过程中的思想工作，及时了解学员思想情况；有计划地进行科学研究。他还把哲学课作为体现教研室建设的试验田，亲自带领哲学教研室的教师围绕教学方针进行教学总结，让大家通过这种方式积累教学经验，达到预期的教学成果。1955年1月11日，《人民日报》全文发表了杨献珍直接领导并多次修改后的《马克思列宁学院第二部哲学教学的经验》。这为后来马列学院其他各学科教研室建设乃至其他党校的教学工作都起到了重要的示范作用。

四、倾心讲授马克思主义哲学

杨献珍在党校工作的岁月中，一直担任主要领导职务，既要从宏观上考虑干部教育事业发展规划，还要主持日常工作，管理全校学工人员的衣食住行。尽管如此，他还是坚持站在讲堂一线，对哲学教学工作抱有高度的敬畏和热忱，许多珍贵的学习方法和思想方法，至今启迪和鼓舞着后人。

杨献珍曾回忆他在北方局党校授课时的场景说："我没有什么治学经验，只不过是读书比较认真

杨献珍
一生在党校教育事业中"春风风人"

罢了。不管做什么事都要认真,读书更要认真。不懂就是不懂,不可装懂。"[1]虽然他有着丰富的教学工作经验并且熟稔马列主义经典著作,但他仍然保持如临如履的态度对待备课,总是要从头学起、从头准备,甚至在那样特殊的环境条件下,搜集了十几本《列宁选集》,作为备课的重要参考。他说:"我自己讲的,自己一定要弄清楚,我不弄清楚就不敢去上课。自己弄不清楚就去上课,那不是以己之昏昏使人昏昏吗?!"[2]他讲授理论也从来不是照本宣科,而是充分思考、充分调研,特别是重视研究当时抗日根据地的实际情况。比如,他在讲《联共(布)党史简明教程》第四章哲学问题的时候,感到有些困难,讲来讲去都比较抽象。于是就经常到北方局去听区党委的汇报,这些汇报内容丰富生动,给他提供了联系实际的很多材料,"听得多了,讲起哲学来也就能联系实际了"。

很多学员反映,杨献珍讲的课不仅分析原理

---

[1] 刘海藩、朱满良主编:《中共中央党校名师》第1卷,中共中央党校出版社2002年版,第16页。
[2] 龚士其等编:《杨献珍传》,中共党史出版社1996年版,第116页。

深刻、精辟，而且深入浅出，旁征博引，密切联系实际，引用学员干部熟悉的许多事例加以印证，用极为生动的语言解释艰深的理论问题，从而加深了学员们对理论的理解，在马克思主义宣传、普及和通俗化方面发挥了十分有益的作用。梳理他过去的大量文稿和讲话，其中有很多理论金句和思想闪光点。

"哲学是工具"——关于为什么要学哲学，杨献珍打消了学员对学哲学的神秘观念，端正对学习哲学的认识。他说，哲学是工具，要学会用工具来观察国家命运、人类命运。在当时那个历史时期，他提出，马克思主义哲学像一根红线一样贯穿在毛泽东的全部著作里，不学习哲学，就体会不到毛泽东著作里的哲学思想，学了哲学，才能领会毛泽东著作中的辩证唯物主义和历史唯物主义。

"自己学会点石成金的本领"—— 1948 年冬，杨献珍给马列学院的学员授课时讲了这样一个故事：有一个人，长着一个神仙指头，能够点石成金。一天，他向他的朋友说，你看你喜欢什么东西，我可以把你所喜欢的东西给你点成金子。他的朋友摇摇头说，他什么也不要他点，但把眼睛紧瞅着他的那个神仙指

杨献珍
一生在党校教育事业中"春风风人"

头,说,我别的不要,我只想要你那个指头。因为我有了你那个指头,我自己就会点石成金了。杨献珍借这个故事讲了学习马克思主义理论的方法,要克服教条主义错误,自己通过学会掌握马列主义的立场、观点、思想方法,学会点石成金的本领,这样,当遇到任何新的具体实际问题、书本上没有学过的问题时,才能独立地分析、处理、解决。

"有的放矢"——杨献珍在教学生涯中一直非常强调,学员要学会理论联系实际,用毛泽东同志的话说,就是要"有的放矢"。"矢"就是理论,就是马克思主义的普遍真理,是辩证唯物主义、历史唯物主义。那时候,一些学员轻视理论,觉得离自己的工作太远,甚至觉得哲学很神秘,不好学。杨献珍批评这种观点认识,一针见血地说,怕学习思想方法,是没有"矢",不知实际何在,是没有"的"。马克思主义哲学是无产阶级劳动人民的斗争武器,是"老老实实地讲道理,是我们实际生活中的道理,没有丝毫神秘之处"。学员要正确地应用这种理论去解决中国革命的实际问题,才是真正的"有的放矢"。在马列学院期间,杨献珍还指导学员支部办了一份墙报,名字就叫《有的放矢》。这是开展思想争论、练习写文章的重要场所，推动学习前进的有力工具，从开学到 1948 年底的一个多月就出了 6 期，投稿学员相当于全体学员的二分之一。①

"入乎其内、出乎其外"——就是"钻进去""走出来"。对于有的同志反映经典著作不易读懂的问题，杨献珍说，只要肯钻，没有钻不进去的。他强调，学习要自觉注意客观性、全面性、深刻性，探求问题本质。钻问题不要钻那些没有实际意义的问题，例如研究什么"生产关系如何在三度空间中存在"之类的问题。这样研究问题，就是不懂得学习马克思主义哲学的目的，不懂得学哲学到底为了解决什么问题。也不要光钻不出，那就会是"不识庐山真面目，只缘身在此山中"。参考材料不要光到图书馆去找，还应当到实际生活中去找。哲学中的抽象道理，都是从实际生活中抽取出来的，抽象的东西不易懂，但一参考实际生活，就是说把抽象的道理再返回实际生活，就好懂了。

生活处处是"实际"——杨献珍认为，每个人都

---

① 参见龚士其等编：《杨献珍传》，中共党史出版社 1996 年版，第 149 页。

杨献珍
一生在党校教育事业中"春风风人"

生活在最生动的实际之中,习以为常,司空见惯,不予注意。古人教人要学会读无字之书,就是教人向现实学习。学员要保持对新事物的敏锐察觉,随时用历史唯物主义的眼光去关注革命运动的发展。同时,在具体学习中,个人围绕具体生活产生的困惑、小组讨论产生的对某些问题的不同意见,凡是存在着问题,就是实际。学会认识和解决这些思想"包袱",也恰恰是融会贯通掌握马克思主义理论的好方法。

杨献珍讲课从来不是一本教案讲到底,为了有针对性地教学,他讲同一个问题时,不同的场合会有不同内容的讲稿。如讲"为什么要学哲学",仅收集在他的文集中的文章,就有四五处内容各不相同的解释。讲理论联系实际的问题贯穿他教学的始终,但也是常讲常新,让学员每次听来都有新的收获。他的讲课方式也很多样,有时是依据教学大纲讲课,有时对哲学中某些重要问题或某一部经典著作进行专题式讲授,有时是为学员领读,对其中比较难懂的段落,还逐句逐段地进行解说。

他十分重视调查研究,经常参加学员的小组会、支部会,了解学员的学习情况和他们对教学及其他各项工作的批评建议。每次讲课之前,都要收集听课人的思想状况；各班学员在学习期间写的思想总结，他也认真研究，有的就地转化成授课内容。平时也很注意倾听各种意见，密切关注学员的思想动态，使教学工作和政治思想工作更有针对性，更有成效。

还有一次，在谈到党风问题时，他激动地说："一个党有一个好的作风是完全必要的。《诗经》上有一句话叫做'春风风人'。在这里，前一个'风'是名词，意思是春风，后一个'风'是动词，作'吹'讲。好的党风就像春风一样，给人以温暖，可以密切党群之间的关系。"[①]恰在此时，窗外雪花纷扬，他幽默地说：春风吹来了，这雪花不等落地就会化掉的，你们把这个问题研究好，它也会变成融化雪花的春风，起到促进党风和社会风气好转的作用。

五、诚挚宽厚关心后学

杨献珍在党校职位虽高，但他从来没有把自己当成高高在上的领导，讲课时态度诚挚，循循善诱，在

---

① 龚士其等编：《杨献珍传》，中共党史出版社1996年版，第413页。

杨献珍
一生在党校教育事业中"春风风人"

日常生活中平易近人，和蔼可亲，总是和学员、干部们吃住在一起、生活在一起。1946年9月，晋察冀中央局党校在国民党进攻下被迫撤离，学员们开始漫长的跋涉，一路上，由于没有固定的教室，上课往往在露天的空地上，北方的深秋已经冷得刺骨，杨献珍也总是在逼人的寒风中讲课，一讲就是三四个小时。当时党校给杨献珍配了一匹马，但他始终不肯骑坐，要么让给病号，要么为学员们驮行李。后来党校（马列学院）正规化以后，他每天在校内散步时遇见学员，也总是亲切地问长问短，谈天说地。在学员的眼中，他不仅是一位可尊敬的教师、理论家、领导干部，而且是一位慈祥的长者。大家愿意接近他，向他倾吐心怀，希望能得到他的教诲和指点。

杨献珍独具识人慧眼，他对赵树理的发现和支持就是一段文坛佳话。1942年1月，时任北方局秘书长兼北方局党校党委书记的杨献珍，在太行区文化人座谈会上旗帜鲜明支持发言主张用"群众口头上的语言"创作通俗化作品的赵树理，并把他调到北方局调查研究室。杨献珍交给赵树理的任务，是"到群众中去，通过调查研究，用群众语言，写群众身边的事，让老百姓看得懂、喜欢看、受教育。作品的题材形式不限"。1943年初春,赵树理把体验生活写成的《小二黑结婚》交给杨献珍,几经波折正式出版,受到群众热烈欢迎。在杨献珍支持下,1943年10月赵树理又创作了《李有才板话》。这两篇小说催生了大众化通俗文学流派的形成,成为新中国文学史上的一个里程碑。某种意义上说,没有杨献珍的指导与关怀,就不会有赵树理取得的文学成就。

杨献珍非常关心后辈,厚爱有加。他晚年收到很多来信,其中有不少是年轻人的来信,他往往倾囊相授,不仅充分答疑释惑,而且对那些经济困难、无力买书的青年,慷慨相送。有一次,一位青年在信中向他讨教做学问之道,他回信说:"做学问,锲而不舍的精神是要坚持的,但不要绝对化,孔子有一句话,叫做'多闻阙疑',可用来补充'锲而不舍',这就是辩证法。所阙之'疑',在读书过程中,说不定哪一天会遇到解释,那时问题就会解决。"[1]

---

[1] 龚士其等编:《杨献珍传》,中共党史出版社1996年版,第412页。

杨献珍
一生在党校教育事业中"春风风人"

参考文献

1. 杨献珍:《我的哲学"罪案"》,人民出版社1981年版。
2. 杨献珍:《谈谈党性锻炼问题》,河北人民出版社1985年版。
3. 《杨献珍文集》,河北人民出版社1984年版。
4. 龚士其等编:《杨献珍传》,中共党史出版社1996年版。
5. 萧岛泉:《一代哲人杨献珍》,山西人民出版社2006年版。
6. 关山编:《杨献珍研究资料》,湖南人民出版社1987年版。

何其芳

作为诗人、散文家和文艺理论家的国文教员

何其芳
作为诗人、散文家和文艺理论家的国文教员

何其芳,原名何永芳,1912年2月生,四川万县人。1935年从北京大学哲学系毕业,之后辗转天津、山东、四川等地中学和师范学校教书。他1938年8月到达延安,在鲁迅艺术文学院任文学系主任。1942年5月,参加延安文艺座谈会。1944年随中共代表团到重庆,分管重庆《新华日报》副刊。1945年8月至1947年3月在重庆做统战工作,曾任中共中央西南局文化工作委员会委员、中共四川省委委员、四川省委宣传部副部长、新华日报社副社长。1947年10月任朱德总司令秘书。1948年11月,到马列学院任国文教员,后担任语文教研室主任。1953年2月调任北京大学文学研究所副所长,参与创建了新中国第一个文学研究机构。此后任中国科学院文学研究所副所长、所长,中国作家协会书记处书记等职。1955年6月当选中国科学院哲学社会科学学部委员。曾任第一、二、三届全国政协委员,第三届全国人大代表。1977年7月去世。

一、从诗人、散文家到文学理论家

何其芳在少年时代就显露出文学才华。他15岁上万县初级中学,入学统考作文被评为第一名,开始在当地刊物上发表诗文。1929年在上海进中国公学预科,广泛阅读五四运动以来的新文学作品,受新月派和国外唯美主义影响,触发了诗歌创作热情。1931年秋入北京大学哲学系,写出成名作《预言》等一系列诗词。1936年出版的诗集《汉园集》和散文集《画梦录》让他声名鹊起。沈从文曾在《大公报》"文学"副刊上写诗《何其芳浮雕》,生动描述出他对何其芳的印象。何其芳早期的诗,艺术性强,以其姣妍、圆融和精深见称。他早期的散文,有些可以说是不分行的诗或者散文诗,也可以说是诗的散文,以刻意追求形式、意境的美妙,表现青春易逝的哀愁和带点颓伤的缥缈的幽思见长。

大学毕业后,何其芳辗转各地教书,开始接触社会现实。在写作《还乡杂记》过程中,他不知不觉开始自身的转变,否定了之前的雕饰和细腻,"情感粗起来了"。抗日战争爆发后,他的思想发生了巨大变

何其芳
作为诗人、散文家和文艺理论家的国文教员

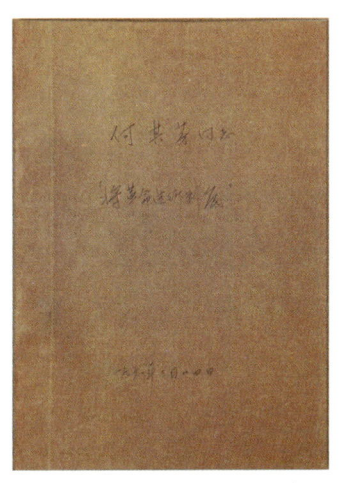

何其芳《将革命进行到底》

化,他从精心为个人编织的美丽虚幻的梦中醒来,加入革命队伍。他忧虑民族存亡,关心民众疾苦,这种思想的转变必然会体现在他的作品当中。他一改以往柔美、细腻、雕琢的文笔,转向较为朴素、自然、明朗的风格。1938年,他与卞之琳、沙汀奔赴延安,被延安热情的空气强烈感染,写下散文《我歌唱延安》。这是一个经历了太长太寂寞的道路,终于走到太阳下面的知识分子发自肺腑的颂歌,传诵一时。

在鲁迅艺术学院教书、在晋西北和冀中经历战斗生活的时光,使何其芳逐渐全身心融入革命洪流。他诗歌里满溢着对延安的赞美和战斗的激情,认定"一

个今天的文艺工作者必须是一个在政治上正确而且坚强的人"。毛泽东《在延安文艺座谈会上的讲话》给了他最彻底的思想洗礼。此后的一生,何其芳都在用讲话精神来检查自己的创作和思想。他在《新华日报》上连续发表《谈写诗》,认为诗的最好源泉,不是个人的哀乐,不是自然的美景,而是人民大众的生活与斗争。他的诗和散文创作,"在内容上从空想到现实,在形式上从雕琢精巧到朴素生动,从脆弱的艺术'预言'到强烈的革命梦想,道路是曲折的"[①]。诗集《夜歌》反映了何其芳这种思想感情转变的历程。

也是在不断的自我改造中,何其芳从诗歌创作转向撰写文学评论类的文章,通过评论来阐明革命文艺工作者的创作方向和创作方法。他有革命斗争的锻炼,有深厚的思想理论素养,有丰富的文学知识,有创作的切身体验和体会,有独到的艺术鉴赏力,这是他成为文艺理论家的良好条件。他积极参加文艺界的思想斗争和文艺战线上的大论战,经常进行古典文学和现代文学的研究,写了很多受到重视和欢迎的文

[①] 《何其芳选集》第1卷,四川人民出版社1979年版,第16页。

何其芳
作为诗人、散文家和文艺理论家的国文教员

学评论文章。从 1950 年出版的《关于现实主义》到 1964 年出版的《文学艺术上的春天》，他有 7 个文学评论集，在数量上远远超过了他本身的文学创作。

二、认真负责的国文教员

1948 年 11 月，何其芳被调到马列学院工作，担任国文教员。何其芳的主要任务，是为学员讲解文章的写法和修改作文。当时到马列学院来学习的都是有相当实际工作经验的同志，文化程度达到能写文章或相当于高中毕业以上的水平。在马列学院，学员主要学习中外历史、马列主义三个组成部分、毛泽东思想与中共党史，并设有语文课，每个学期均须有作文的功课，以锻炼学员的政治和写作能力。国文教员的工作主要是上语文课，批改学员定期交上来的作文，并在课堂上进行总结，这看似简单，但要帮助缺少系统写作训练的学员提高写作能力和阅读能力，实际上需要花费很大的心血。

不管是大学毕业之后辗转各地教中学和师范，还是在鲁艺近 6 年的教师生涯，教书育人是何其芳生活中不可或缺的一部分。他在鲁艺就是出了名的认真。他对学生作业的修改，就像当中学国文教员那样字斟句酌。文学系同学的习作,哪怕一首十来行的小诗,他也会写上几百字、千把字的评论。如此认真的习惯,何其芳保持了一生。不少人回忆过他教人写文章的故事。

在马列学院,对于评改学员论文,他甘之如饴。当年的同事回忆说:"其芳同志拿了几份他评改的论文给我看,他在那些文章上进行了细心的修改,每一段都写了批语,末尾又写了总评,不但在观点上和分析问题的方法上,提出自己的意见;而且在文章的结构上,在段落之间的照应上,甚至遣词造句,都指出了它们的得失。其芳同志对每一篇论文所作的这样严肃、认真的批改,是对我上的极其宝贵的一课。这不仅指如何修改文章而言,特别是还包括了他的理论修养、工作态度和工作作风,都是很值得我认真学习的。至今我还想,除了从那时他发表在《学习》杂志的一篇《谈修改文章》中,可以看出他的一丝不苟的精神和如何讲究写文章外,如果他批改的所有那些学员的论文都还存在的话,收集起来该是一部多么丰富、多么有价值的写作实习的教材。"[1]

---

[1] 中国社会科学院文学研究所编:《衷心感谢他》,上海文艺出版社1987年版,第227页。

何其芳
作为诗人、散文家和文艺理论家的国文教员

这位同事提到的《谈修改文章》,可以说是何其芳在马列学院当教员批改学员作文的经验总结,到今天仍为人们津津乐道。他强调,古今中外,凡是文章写得好的人,大概都在修改上用过功夫。怎样才算修改的功夫够了呢?他认为标准主要有两个:一个是内容正确,另一个是读者容易接受。要做到内容完全正确,除了个人的思想水平,在修改上还要采取谨慎态度,自己多用脑筋,加上向别人请教,对每一个论点每一个看法都不随便放过。要让读者容易接受,还得在布局上、逻辑上、修辞上再花功夫,才能够使文章的每一句,每一段,一直到全篇,一下子打进读者的脑筋。他列举了叙事说理文章中常见的一些毛病,大抵是十二条:(1)抽象笼统,叙事不具体,说理不分析。(2)根据不足,就下断语,我要怎样说就怎样说,信不信由你。(3)强调一点,不加限制,反驳别人,易走极端,没有分寸,不够周密。(4)大家都知道的事情说得很多,以为只有自己知道别人不知道。(5)别人不知道的事情说得很少,以为自己知道别人也知道。(6)许多事情或问题,随便放在一起,没有中心,没有层次,逐段读时也还可以,读完以后一片模糊。(7)写到下句不管上句,写到后面不管前面。

(8)信手写来,离题万里,偏又爱惜,舍不得割弃。(9)抄书太多,使人昏昏欲睡。(10)生造词头,乱用术语,疙里疙瘩,词不达意。(11)没有吸取说话里面的单纯易懂、生动亲切等好处,只剩下说话里面的啰唆重复、马虎破碎等缺点。(12)没有学到外国语法的精密,却模仿翻译文字造长句子,想把天下的事情一口气说完,一逗到底。

何其芳在文章中列举的现象,在一位学员回忆中得到印证。这位学员说:记得我们的第一堂作文课,是写一篇批判阶级斗争观点的文章,何其芳是国文老师,他对支部108个学员的文章都认真看过,篇篇都有眉批,指出具体的疵病,最后有一篇总评,而且找每个人去面谈一次,几乎要占两三个钟头,谈得很细。他和我的一次谈话,我现在还记得很清楚,对我以后写文章启发不小。他说,你们的毛病有几点:一是文中结论式批判多而不习惯于说理式地去论证,让道理去说服论敌,经常想用帽子式的马列主义语句压服人,这样的文章看起来气势汹汹,实际上是经不住推敲的;二是在工作中做惯了总结报告文章,喜欢用一二三四的罗列,用优点、缺点、经验、教训的公式去套,不善于用轻松笔调将读者带到你的意境中去;

何其芳
作为诗人、散文家和文艺理论家的国文教员

三是文章展不开，架子紧得很，语句干枯，几句话就完了；四是文字上喜用八股式倒装句，因为马列主义词汇的意思没有消化，生吞活剥地运用上去，这样翻译式的文章就多了。中国文章倒用了西洋文法。他的说法是有针对性的，因为学员多是来自实际工作的党政干部，在工作中写过的总结报告不少，习惯于长篇大论，文字和逻辑都不注意，说道理也以论断式为多，何其芳指的是一种通病。[1]

三、在马列学院的写作和研究活动

给学员批改和讲评作文固然是一件繁琐的事，但实际上工作任务并不很重，大约每隔两个月评改40来篇论文就行了。何其芳曾说："我满意在马列学院做国文教员，担子轻，有时间还可以学习和写作。"[2]当1951年周恩来有意调他作政务院的文教参事时，他推拒了。他内心里是渴望写作和创作的。

---

[1] 参见刘海藩、朱满良主编：《中共中央党校名师》第1卷，中共中央党校出版社2002年版，第446—447页。

[2] 《何其芳全集》第7卷，河北人民出版社2000年版，第494页。

何其芳作品《西苑集》

何其芳在马列学院期间,写了一系列评论文章,并于1952年结集出版,定名为《西苑集》。集名为"西苑",指的是马列学院所在的北京城西北郊。这个文集,是何其芳继《关于现实主义》后的又一个文艺评论集,也是他参与新中国初期文艺论争的论文合集,收入的文章包括前面提到的《谈修改文章》以及《和天津暑期学校同学谈写作》《一个文艺创作问题的争论》《随笔四篇》《试论戏剧上对于刘胡兰就义场面的处理》《关于中国旧剧下降的原因》《话说新诗》《谈讲解文章》《论民歌》《〈实践论〉与文艺创作》《关于梁山伯祝英台故事》《驳对于武训和〈武训传〉的种

何其芳
作为诗人、散文家和文艺理论家的国文教员

种歌颂》《学习鲁迅先生的工作作风》《反对戏曲改革中的主观主义公式主义》《用毛泽东的文艺理论来改进我们的工作》，计15篇。这些文章涉及新中国成立初期文艺运动的许多问题，如生活实践与文艺创作的关系、戏曲改革中如何对待文学遗产、新诗创作等，几乎都不同程度地触及了，而且都有独到见解，分析精辟透彻，亲切生动，富有文采，启人深思。

何其芳特别看重创作，心中有着很深的创作情结，似乎把创作作为衡量一个文学工作者成绩的标准，念念不忘他的"诗、散文、长篇小说"。甚至在1977年5月的一篇访问记中他还说过："毛主席《讲话》发表以来三十五年间，我主要是做文学批评和文学研究的工作，很少写诗写散文。要是可能，我将来还要写诗，写散文，写小说。"[①] 就在《西苑集》序的开头，他明确表达了进行专门文学创作的愿望："在为《关于现实主义》作序的时候，……我是有一点用意的。我是想这样发表了我的意见以后，暂时停止写这类文字，集中业余时间去从事创作"。结尾同样是这类话：

---

① 蒋勤国：《何其芳传略》，《新文学史料》1987年第2期。

"一个从事创作的人,有时是必须也写论文的,然而就我来说,确实把创作荒废得太久了。……我现在是多么渴望能够写出一些热情的作品,有思想的作品,可以让我不是带着惭愧的心情来献给读者的作品呵!"[①]

在马列学院时期,除了 1949 年 9 月参加中国人民政治协商会议第一届全体会议之后写的《我们最伟大的节日》,何其芳没有写作和发表更多的诗。不止这几年,事实上,他从 1938 年之后就基本上没有写过诗歌了。值得提到的是,1954 年 10 月,他发表了诗作《回答》。这首诗共 9 节,其中前 5 节是 1952 年 1 月在马列学院工作期间写成的。这是久被压抑的诗情的一次迸发,情感化的色彩很浓厚。第一节开头写道:

从什么地方吹来的奇异的风,

吹得我的船不停地颤动;

我的心就是这样被鼓动着,

它感到甜蜜,又有一些惊恐。

马列学院时期,在何其芳创作历程上可以说是一段空白。诗人的沉默引起了读者的关切,不少读者写

[①] 《何其芳全集》第 3 卷,河北人民出版社 2000 年版,第 3—4 页。

何其芳
作为诗人、散文家和文艺理论家的国文教员

《何其芳选集》

信给何其芳,希望他唱出新的颂歌。何其芳感到自己实在是欠了一笔"精神上的重债"。1953年11月,他在北京图书馆的一次讲演中讲到多年未写诗歌的原因:"整风运动以后我对自己过去的诗作了批判,认识到无论在内容上还是形式上都不能照那样写下去了","后来好几年都忙于做别的事情,连业余时间都轮不到用在诗歌上","我向来的习惯是这样,没有真正的感动,没有比较充分的酝酿,我是不写诗的,因为那样写出来的诗一定是坏诗。"[①]事实上,何其芳觉得

---

① 《何其芳全集》第4卷,河北人民出版社2000年版,第285—286页。

马列学院的工作使他不能经常走动,多方面地接触实际,遂决定"暂时不写诗"。

何其芳青年时代写过一些短篇小说,还写出过长篇小说《浮世绘》的四个片断。在马列学院期间,他打算以自己在河北省平山县土改时的生活为基础写一部30多万字的长篇小说,来反映土改中"为什么在执行土改和整党的政策上会发生偏向,是怎样纠正的"。他整理了自己当时的工作笔记,又认真研读了周立波的《暴风骤雨》和丁玲的《太阳照在桑干河

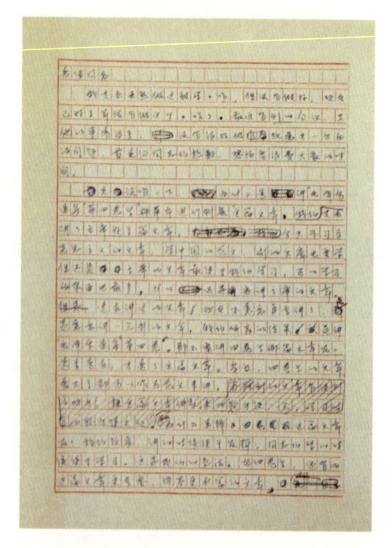

何其芳《将革命进行到底》(1961年讲授记录稿)

何其芳
作为诗人、散文家和文艺理论家的国文教员

上》,还向茅盾和同事如周文、艾思奇、何家槐等同志谈了他的一些设想,直到1951年春末夏初,才开始动手写作,写出了最初几章,完成了计划中"六分之一的毛坯",也给同事们看了,但后来没有再写下去。在他逝世后出版的《何其芳诗选》里,刊载了他为这部长篇小说写的两支插曲《有一只燕子遭到了风雨》《海哪里有那样大的力量》。他1971年在写给朋友的一封信中,说他要写长篇小说:"只是希望不辜负这个时代,不辜负我们经历的生活和我们承受的中外文学遗产,还想做一点象样子的工作而已。以前所有写的文字都不过是练习,是准备,我觉得我的正式工作还没有开始。"[1]那个时候,他是想写一部反映四川早期革命斗争的长篇小说,"构思这部小说已有几十年之久,并为这部小说积累了大量的素材"[2],还回到重庆进行了一次采访。他写出5万多字,但天不假年,最终没有完成,成为憾事。

---

[1] 方敬:《何其芳的文学青春》,《新文学史料》1988年第2期。
[2] 祝晓风、杨赛:《我们的父亲何其芳——何三雅、何京颉谈何其芳及"何其芳现象"》,《中国社会科学报》2013年3月20日。

有同志回忆起与何其芳一起的工余生活，说那时一起搞国文教学的几个同志有个习惯，一般在工作时间谁也不去打扰谁，但每天吃过晚饭，只要不刮风下雨，总相约一道走出校门去散步，而且总是沿着颐和园对面靠南边的一条小街走到西苑，然后再沿着那条宽阔的马路往回走。这段时间是一天之中最轻松、愉快的时间，是大家在一起随便聊天的时间。有一次，在晚饭后散步时，因为谈到文艺界有的搞理论工作的同志，不能安下心来系统学习马列主义的情况，他便说，搞理论研究就要耐得住寂寞。由此他谈到一个值得学习的工作方法，说有的领导同志无论工作多么忙，每周总要抽出一定时间不接待任何人，独自静坐集中思考那些需要解决的问题。何其芳还说有的作家写作时不断抽烟，似乎一抽烟灵感就来了，他自己也曾经试验过，但只觉得难受，怎么学也学不会，所以他写文章时就用吃糖来代替。有同事说糖吃多了会使身体发胖，而他却以为是自己活动太少。这一年夏天，何其芳果然到颐和园跟艾思奇学游泳，可是去了几趟觉得花时间，并且也没有学会，便不再去了。

在马列学院工作期间，何其芳还承担了其他方

何其芳
作为诗人、散文家和文艺理论家的国文教员

面的大量工作。他参加了1949年7月中华全国文学艺术工作者代表大会的筹备工作，负责起草周恩来在会议上的报告。会上，他负责会议的宣传处工作，被选为中华全国文学艺术界联合会全国委员会委员。会后，负责编辑《中华全国文学艺术工作者代表大会纪念文集》。1949年暑期，他还应邀到天津为青年学生讲解写作问题。他还是新创刊的《人民文学》编委之一，主要审定理论和诗歌稿件。他还作为中国作家的代表，陪同外国作家到江南各地参观、访问；作为新中国的文化使者，他跨出国门，到苏联、捷克斯洛伐克、德意志民主共和国等国进行文化交流。

四、热情提掖后学，爱工作甚于生命

凡是和何其芳接触比较多的人，都会觉得他心地坦荡，热忱率直，谦虚宽厚，温和平易。何其芳的一位学生曾经用诗一样的语言赞美他的为人。这位学生说："以后，和其芳同志接触多了，处处感到他的为人中有一个'真'字在，他的洁白的、坦荡的共产党员的心灵，就象北京十月的蓝天那样明净，就象山涧的溪流那样清澈见底。"[①]

何其芳的诗歌风格，对后来的诗人也有不小影响。他对青年文学爱好者尤其是诗歌爱好者的请教总是积极回应。凡是登门求教的，他一律热忱相待；凡是写信求教的，他或者亲笔回信，或者撰文发表予以答复。何其芳撰写了针对初学写诗者的文章，如《写诗的经过》《关于写作的通信》《关于读诗和写诗》，等等。许多青年人在他的鼓励和影响下走上文学创作的道路。别人请他帮助修改文章或诗作，何其芳总是体谅地追问："什么时间要？急不急？"如果对方说，很着急。他就会牺牲休息时间，加班加点，详细作出评判，提出修改意见，准时让对方得到答复。如果不急着要，那就要排队等候，先看别人的。他会很不安地和你约定一个时间。仿佛不能当时为你看好稿子，是自己没有尽责。无论如何，他总是在约定的时间之前仔细地看完，提出修改意见。

何其芳对青年人在政治上严格要求，在业务上精心培养。他亲自拟定理论和文学方面的阅读书目，督

[①] 《往事与哀思》，上海文艺出版社1979年版，第119页。

何其芳
作为诗人、散文家和文艺理论家的国文教员

促青年人读书思考问题。他强调青年人要培养良好的学风,指导他们用科学的方法开展研究。从如何占有第一手资料、如何探幽发微、如何在分析中发现问题,到如何在深入研究的基础上得出准确的结论,何其芳都给予关心指导。对青年人的文章,何其芳总是耐心仔细地批阅,对材料的运用、文章的构思、行文的风格等方面严谨地提出自己的意见。对有的人,何其芳从拟定提纲,修改初稿,到最后定稿,他是手把手地教、全程参与其中。有时他还会亲自查资料,对要修改的文章作大段的补充或者改写。何其芳从不吝啬自己宝贵的时间和精力,常熬夜给别人改写文章,就像是自己写文章。甚至手头没有青年人所评论的原著,他就自己花钱买书来读。然而,文章既成之后却在署名中看不到他的姓名。

何其芳心心念念的是有时间搞创作,但在个人主观愿望和党的需要出现冲突时,他总是毫不犹豫服从组织安排。何其芳曾经对友人说:"从我个人的志愿来说,当然想搞创作。但是,我是个党员,党要求我当国文教员,我坚决服从。如果我能帮助老干部提高阅读和写作能力,在工作岗位上写出好的总结、报告或文章,这也算尽了我的责任了吧!"何其芳把主要精力都投入教学工作,搞创作、写小说,只能利用休息时间、节假日来做。在他看来,只要是党的工作,就没有高低之分。每一项工作,他都恨不得把所有的精力和热情都投入进来。

爱工作甚于爱生命,是何其芳性格中的一个显著特点。他曾说过:"我宁可活得少些,也要为党多作些工作。要是浑浑噩噩地活着,就是能多活,又有什么意思?没出息!"[1]何其芳还谈到工作需要和一个人的工作能力的关系。他说:"我作国文教员,既是工作需要,同时也觉得自己作一个国文教员比较能胜任愉快。比方说,一个人只能挑一百斤,再努把力挑一百一二十斤就可以了,如果一定要去挑一百五十斤,甚至想挑二百斤,那岂不是自讨苦吃,并且实际上也挑不动嘛!"[2]

何其芳本人嗜书如命,自称拥书3万卷。用他自己的说法是"一生难改是书癖,百事无成徒赋诗"(《忆昔》),"喜看图书陈四壁,早知粪土古诸侯"(《偶

---

[1] 《往事与哀思》,上海文艺出版社1979年版,第109页。

[2] 中国社会科学院文学研究所编:《衷心感谢他》,上海文艺出版社1987年版,第226页。

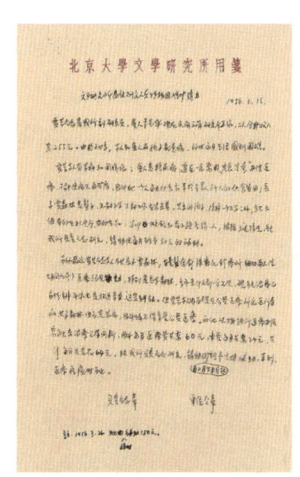

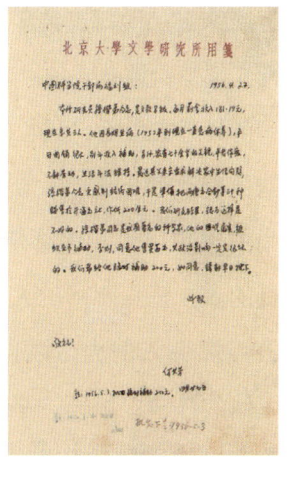

何其芳
作为诗人、散文家和文艺理论家的国文教员

何其芳信札二通

成》），即使"大泽名山空入梦"，也要"薄衣菲食为收书"（《自嘲》）。在马列学院时期，大家过的是供给制生活，每月大约有几元钱的零花钱，他把这部分钱和稿费收入都用到买书上了。每次从城里坐三轮车回来时，总带着几大包线装书。到文学研究所工作后，他家住东单，离王府井不远，每到礼拜日就去逛旧东安市场的书肆，天黑时才拉上满满一平板车的书回家。1971年从干校回京，还是见什么买什么。琉璃厂、隆福寺、灯市口几个旧书店的人都认识他。最后几年，他行动已很不方便，还常常跑书店，把买好的书分捆成两包，挂在手杖的两端，自己挑着摇摇晃晃

地走回家去。他每走几步便要站着歇一歇,引得路上的行人都惊奇地看着他。

何其芳去世后,冯牧曾深情地回忆道:"何其芳同志的值得钦敬的品质,更突出地表现在他的为人上,高尚的思想境界和道德情操上,他是一个诚实的人,善良的人,正直不阿的人。他是一个习惯于以自己的火去点燃旁人的火,以自己的心来发现旁人的心的人。他的热情、坦荡、平易而温和的性格,使他能够融洽和谐地和各种各样的人相处。和他相处的时刻,也总会使人感到一种热情、温暖、纯洁的气氛。他有时耽于幻想,有时对人又不免容易轻信,但在坚持真理的原则问题上,他又是寸步不让的。"[1]了解熟悉何其芳的人,都觉得这样评价他是恰如其分的。

---

[1] 冯牧:《何其芳的为文和为人》,《文学评论》1988年第2期。

何其芳
作为诗人、散文家和文艺理论家的国文教员

参考文献

1.《何其芳选集》,四川人民出版社1979年版。

2.何其芳:《西苑集》,人民文学出版社1962年版。

3.《何其芳散文》,人民文学出版社2022年版。

4.中国社会科学院文学研究所编:《衷心感谢他》,上海文艺出版社1987年版。

5.《往事与哀思》,上海文艺出版社1979年版。

6.卓如:《何其芳传》,中国三峡出版社2012年版。

7.文史知识编辑部:《与青年朋友谈治学》,中华书局1983年版。

8.尹在勤:《何其芳评传》,四川人民出版社1980年版。

9.蒋勤国:《何其芳传略》,《新文学史料》1987年第2期。

郭大力

将《资本论》带入马列学院讲堂的译学大家

郭大力
将《资本论》带入马列学院讲堂的译学大家

郭大力，1905年生，原名郭秀勋，江西南康人。1923年考入厦门大学化学专业，1924年随罢课师生到上海转入大夏大学（华东师范大学前身）攻读哲学。从1928年春天开始一生钟情《资本论》的翻译。曾在广东文理学院、厦门大学等高校任教，1950年6月到马列学院工作，任政治经济教研室主任。1955年6月当选中国科学院哲学社会科学学部委员。曾任全国政协第二、三、四届委员，第四届全国人民代表大会代表。著有《生产建设论》《凯恩斯批判》等，译著《资本论》全三卷《剩余价值学说史》《恩格斯传》等。1976年4月去世。

一、以翻译《资本论》为终身志业

郭大力的名字是与《资本论》在中国的传播紧密联系在一起的。他翻译这一马克思理论巨著的动机，完全是为了革命事业的需要。他在大夏大学学习期间积极参加进步活动，注意对马克思经济理论的学习和研究，很快被《资本论》吸引住了。大学毕业半年之后，也就是在1928年的春天，他在寄居的杭州大佛寺开始翻译《资本论》第一卷。也是在这里，他结识了脱离了国民党部队、正攻读教育学并着手写长篇小说的王亚南，说动他合译《资本论》。他说："我译这本书，并不是因为我已经很理解它，也不是因为我已经有了翻译的能力。1928年，国民党全面背叛了革命，红色政权已在江西建立。当时我只觉得一点：有革命

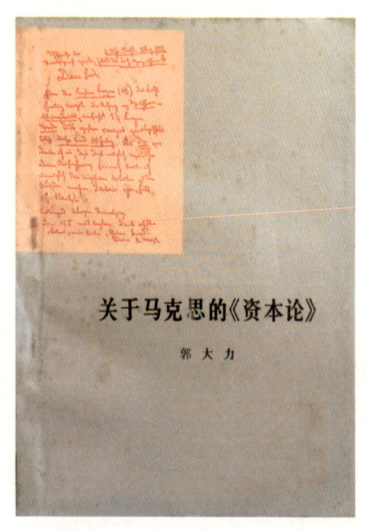

郭大力《关于马克思的〈资本论〉》

郭大力
将《资本论》带入马列学院讲堂的译学大家

的需要。"①

有翻译的激情是一回事,有没有良好的翻译条件是另一回事。当时,郭大力不仅生活困难,而且缺乏翻译经验,不懂德文,主要依据英译本翻译。同时,这部书很抽象,晦涩难懂。用他自己的话说:"在那时,我对于这个大理论所从以出发的古典派经济学,且也为这个大理论的主要批判对象的古典经济学,还是连初步的认识也没有。"②这样,他翻译完《资本论》第一卷之后,就决定暂时放下翻译工作,转而把主要精力放在全书翻译的准备工作上,决定先"系统地译几部古典经济学的著作,用这种翻译,作为一种细密研究的手段"③。

1928年秋,郭大力回到上海,在中学兼课之余,几乎把全部时间用在自修德文和翻译古典经济学名著上。从大卫·李嘉图的《政治经济学及赋税原理》到

---

① 中共中央马克思恩格斯列宁斯大林著作编译局马恩室编:《马克思恩格斯著作在中国的传播》,人民出版社1983年版,第97—98页。
② 〔德〕马克思著,郭大力、王亚南译:《资本论》第3卷,北京理工大学出版社2011年版,第764页。
③ 〔德〕马克思著,郭大力、王亚南译:《资本论》第3卷,北京理工大学出版社2011年版,第682页。

亚当·斯密的《国富论》、依利的《经济学大纲》、马尔萨斯的《人口论》、约翰·穆勒的《自传》和《经济学原理》、洛贝尔图的《生产过剩与恐慌》、斯坦利·杰文斯的《政治经济学理论》、鲁连德的《英国法西主义》以及新康德主义者朗格的《唯物论史》，续译了王亚南没有译完的乃特的《欧洲经济史》。这些译著出版时，他还写了序言，对著作和作者的学说做了介绍和评论，这使他积累起丰厚的经济学理论素养。

8年之后，郭大力重新开始翻译《资本论》第一卷。彼时，1928年的第一卷译稿已毁于日本侵华的炮火之中。在困顿的生活中，到1936年底，他已将第一卷的大部分重新译好，并译完了第三卷的前半部分。1937年初，他翻译《资本论》的工作开始得到中国共产党直接领导的读书生活出版社的支持，出版社每月预支几十元的稿费使他得以专心致志翻译。不久，王亚南加入。日军轰炸上海后，郭大力带领全家回到赣南老家。尽管乡下生活贫困、工作条件恶劣，他还是翻译了《资本论》第二卷的全部和第三卷的绝大部分译稿。1938年4月，他应出版社之邀到上海，赶译第三卷尚未译完的部分并负责全部译稿的统稿和校订。1938年八九月间，《资本论》全译本三大卷正

郭大力
将《资本论》带入马列学院讲堂的译学大家

式出版,这部倾注马克思毕生心血的"工人阶级的圣经",得以第一次完整地呈现在中国读者面前。

之后,郭大力再回赣南,着手翻译马克思和恩格斯的《"资本论"通信集》,并开始《资本论》译文的全面校订工作,用了将近一年的时间,对照原文,把三卷译文从头至尾全部校订了一遍,编制了一个详细的勘误表,于1940年由读书生活出版社作为《"资本论"补遗勘误》一部分出版。1940年春,他开始了《剩余价值学说史》的翻译。这部著作实际上是《资本论》的历史部分,相当于它的第四卷。1943年11月,他将马克思这部120余万字的著作译完,又用数年时间进行反复修改和校订。1949年5月,三卷四册的《剩余价值学说史》中文全译本由读书生活出版社以实践出版社的名义出版。至此,郭大力用20年时间实现了把《资本论》和《剩余价值学说史》全部译成中文的宏愿。

在这20年间,郭大力也从一个经济学知识不足的学子成长为理论造诣深厚的经济学家。其间,他曾在1940年秋至1941年5月到广东文理学院任教,讲授政治经济学。从1941年至1949年的几年时间里,他在翻译之余还写了不少经济学方面的文章和著作。

《我们的农村生产》《物价论》《生产建设论》是在赣州写作和出版的。1947年春,他应王亚南之邀到厦门大学任教,在这里写了《西洋经济思想》和《凯恩斯批判》两部著作。

郭大力对《资本论》中译本精益求精。1948年底,他校完并寄出《剩余价值学说史》清样后,就开始了《资本论》译文的全面修改和校订。1950年3月,他回忆说:"从一九四八年十二月开始校对。……四月中旬我离开厦门,在香港住了半个月,和家人一道来到北京。一年来,修改这个译本,是我的主要工作。"[1] 1953年至1954年,经他全面修改的《资本论》全译本由人民出版社发行。这一版出版之后引起国内读者的广泛关注,短短几年,各卷进行了多次重印,发行量达16万册。

社会主义改造基本完成后,全国各地掀起学习研究马克思主义政治经济学的热潮。为了满足干部群众的学习需要,加之读者对译文的通俗性提出了一些意

---

[1] 中共中央马克思恩格斯列宁斯大林著作编译局马恩室编:《马克思恩格斯著作在中国的传播》,人民出版社1983年版,第108页。

郭大力
将《资本论》带入马列学院讲堂的译学大家

见,以及1961年人民出版社决定重印《资本论》全译本的计划等因素,郭大力决定再次修订《资本论》全译本。身患重病的郭大力为了给国内读者提供更加通俗易懂的译文,在6年多的时间里,完全投入修订全译本的工作中,1963年第一卷第二次修订版出版,1964年11月、1968年其余两卷第二次修订版问世。

1966年春,《资本论》第三卷清样送交人民出版社之后,他又立即开始了《剩余价值学说史》的重译工作。"文化大革命"期间,他被戴上"资产阶级反动学术权威"的帽子遭到批斗,后又下放到河南农村"五七干校"劳动。这段时间郭大力的身体状况不断恶化,乃至半身瘫痪。他凭着坚强的意志和惊人的毅力,硬是把《剩余价值学说史》按照德文新版全部重译出来,1975年12月重译本第一卷由人民出版社出版。遗憾的是,他未能看到第二卷和第三卷的出版就辞世了。

郭大力所译《资本论》不仅是中国首部全文翻译的中文版本,更以其内容备受推崇。毛泽东曾认真阅读郭大力翻译的《资本论》,并进行批注与修订。习近平总书记在读大学前就已经通读郭大力翻译的《资本论》三遍,他说《资本论》的翻译版本研究很重要，他特别推崇郭大力和王亚南这个译本，写了厚厚的 18 本读书笔记。他说：我读过几个版本的《资本论》，最喜欢的是郭大力、王亚南的译本。

二、将《资本论》带入马列学院讲堂

1949 年 5 月初，郭大力与王亚南等同志一起到达已经解放的北京城，先是在三联书店任副总编辑，1950 年 6 月调到马列学院（后改为中央高级党校）工作。由此，郭大力开始了他 20 多年的中央党校生涯。

新中国成立后，马列学院开始了为新中国大规模培养教育干部的历程。结合新中国经济建设与社会发展实际需要，马列学院适时调整组织机构和教学任

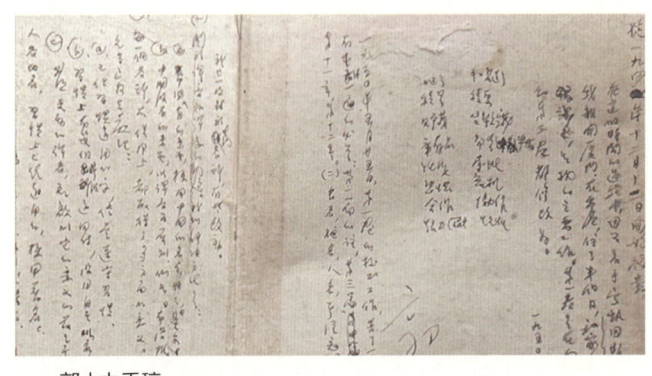

郭大力手稿

郭大力
将《资本论》带入马列学院讲堂的译学大家

务，在课业安排中将政治经济学的课时增加到总课时的 60%。来到马列学院学习的学员，也都十分珍惜来之不易的机会，一位曾在部队担任纵队副司令的学员经常天不亮就起床，用手电筒照着阅读《资本论》，如饥似渴，可见一斑。在马列学院，郭大力负担着繁重的教学任务，同时要给几个班次讲授政治经济学和《资本论》，一周往往要讲两三次课，每次三四个小时。

曾有学员埋怨郭大力《资本论》译本难懂，对郭大力深有了解的杨献珍公开说：马克思这部书本来就难懂，翻译当然特别难，中国还有哪一个人解决得比他们更好？杨献珍这段话是公平的。与王亚南和郭大力都相熟的历史学者熊德基回忆道，1950 年厦门大学邀请王亚南回厦大，也邀请郭大力一道回去，王亚南说，他们不可能同回厦大，主要是因为解放初，北京各大学都开了政治经济学这门课，任教的也多是一些社会上知名学者，不仅在理论上而且在革命实践中都是有贡献的，但由于他们对古典经济学和现代资产阶级的经济学理论不太熟悉，像一些著名大学里的正统派的经济学教授们，心里并不真正佩服他们，有些经济系的高年级学生也故意提这方面的问题，他们只对我和大力同志态度较好。因为谈到亚当·斯密等人的著作，我们也不一定知道得比他们少。①

郭大力脑中有一部完整的《资本论》。在讲述《资本论》时，将全篇构建了成熟的逻辑树，从章节间的框架网络、推理递进，到概念中的遣词用句、本质含义，他的研究可谓精准且深刻。1955年至1956年，郭大力在中央高级党校研究班讲解《资本论》，根据他授课记录稿整理出版的《关于马克思的〈资本论〉》，对完整准确学习和理解这部著作极为有益。他在前言中讲："它的目的，在于帮助本校的同志阅读一部伟大著作，马克思的《资本论》。我在讲的时候，曾经有两方面的企图：一方面为《资本论》中包含的重要理论，描出一个大概的轮廓；另一方面是对于其中比较难读的一些章节，进行简略的解释。"②熊德基回忆说："一九六○年正是所谓'三年自然灾害'时期。我吃不饱饭，晚上已无精力作任何专题研

---

① 参见熊德基：《忆郭大力同志》，《江西社会科学》1983年第1期。

② 郭大力：《关于马克思的〈资本论〉》，生活·读书·新知三联书店1978年版，第2页。

郭大力
将《资本论》带入马列学院讲堂的译学大家

究,因而想把《资本论》好好通读一遍,这部书实在很难啃下去,幸而靠了大力同志在中央党校为辅导学员而印的《关于马克思的〈资本论〉》讲话稿,帮了我很大的忙……这本书针对《资本论》中的每一处难懂的地方都重点突出地用浅显的语言作了十分明晰的解释,确使读者对《资本论》容易理解一些。"[1]

郭大力从全局角度分析《资本论》的研究对象是资本主义的生产方式,包括它的生产关系和交换关系。研究的目的是要发现资本主义社会发生、生存、发展和死亡的规律。他引用了列宁的分析,指出马克思对资本主义生产关系的分析是《资本论》的骨骼,但马克思不仅限于这一骨骼,而是密切联系社会生产力,并随时探究适合于生产关系的上层建筑,使骨骼有血有肉,使资本主义社会形态活生生地和盘托出。他评价《资本论》是在政治经济学上完成的伟大革命。他认为马克思是坚决地站在无产阶级立场上来研究社会经济运动规律,《资本论》的革命意义在于使政治经济学第一次成了为无产阶级革命利益服务的真

---

[1] 熊德基:《忆郭大力同志》,《江西社会科学》1983年第1期。

正的科学。

为了提高学员对《资本论》原著的接受度,郭大力悉心琢磨,降低学习研究的门槛和难度。在每篇开讲前,他先说明哪章哪节是难懂难读的,再以详细的解读,配合生动的例释。有学生曾说:"郭先生讲课十分有条理,使人对一些难懂的观点很容易搞清楚"。

郭大力在讲第一篇商品与货币时,开门见山直说这一章是比较难读的,因为它所论述的问题,按其性质来说是比较抽象的。例如讲解商品二重性时,他引用了列宁的解释,商品一方面能满足人们的某种需要,另一方面,它能用来交换别种物。此时,就出现了交换价值的概念,他进一步讲到价值只有通过交换价值的形态才能表现出来,所以可以把商品二重性解读为使用价值和交换价值"有简便的好处"。因为交换价值是现象形态,更容易被大家理解。

讲到商品拜物教性质,郭大力解释这个概念是马克思借宗教形态而自创的一种比喻。郭大力用生活化的例子来解释:"我生产麻布,你生产上衣,我拿麻布交换你的上衣,这本来是我们互相交换劳动,但在私有制的商品生产社会中,却表现为麻布同上衣互相

郭大力
将《资本论》带入马列学院讲堂的译学大家

交换的关系，表现为物与物的关系了。"这个例子极生动地揭示了商品拜物教的神秘性。

讲到从简单交换到扩大价值形态的交换，郭大力举例：20麻布=1上衣，发展到20麻布=10磅茶，或=40磅咖啡，或=1/2吨铁等，此时有一种商品从中被分离出来，成了一般等价物，其他各种商品都用它来表现价值，以便更广泛频繁地交换，进而必然产生货币。

郭大力对书中很多读起来卡壳、理解时容易陷入苦思的概念，都赋予了他个人的领悟，用生活中常见的例子或者学员们接触过的情景来做展示，使概念清晰立体化，犹如拨云见日般看清了马克思所要传递的深邃思想，从而理解得明白、记得更深刻。

郭大力对易混淆的相似概念名词，不按章节顺序，而是融合对照地加以分析。他循着马克思的研究思路，以唯物主义辩证法为研究和授课的方法论。在讲到商品价值、使用价值、交换价值、价格等这一系列名词时，他讲这是理解马克思《资本论》的基础，也是关键，劳动二重性更是理解政治经济学的枢纽。他从分析商品开始，把商品二重性和劳动价值说结合起来讲。这里他以茶杯为例，把茶杯的物质属性即使用价值抽去，也就是把生产茶杯的具体形式的劳动抽去，这时茶杯已不再是茶杯，它可被感知的物质属性都已消失。那么所剩下的就是与别的物同样的、抽象的一般人类劳动。这样各种商品间的物质区别已不复存在，彼此成为同样的——凝结在商品中无差别的人类劳动，即价值。

之后郭大力又将价格概念提到这里来讲：用货币表现的商品价值，就是价格。价格是商品价值的货币表现。因为商品的价值的内在尺度，就是劳动时间，即生产这种商品的社会必要劳动时间。但是商品的价值不能直接用劳动时间表现出来。比如一个茶杯，它的形状大小一看就很清楚，但是它里面究竟包含多少社会劳动，有多少价值，却是看不出来的，只能表现在另一个商品上面，这另一个商品因此取得了等价形态——进而发展为货币形态。

郭大力的课堂充满着一位革命学者对马克思主义的热爱与忠诚，他希望每位听了这门课程的学员都能对《资本论》有自己独立的思考和见解。他每次讲课，从不因为自己对所讲内容熟稔于心而掉以轻心，而是根据不同的听课对象写出提纲、打好腹稿。他讲课深入浅出，不仅理论阐述深刻透彻，还对理论联系实际

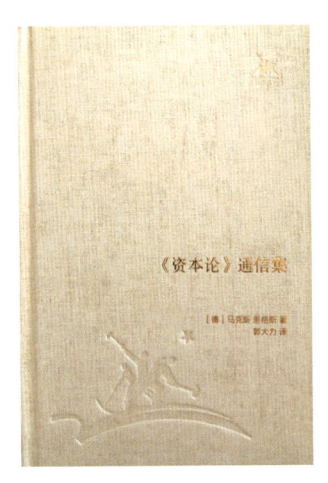

郭大力
将《资本论》带入马列学院讲堂的译学大家

郭大力《〈资本论〉通信集》

给出提示,深受学员欢迎。对学员提出的问题,他总是不厌其烦地给予解答。

这里,必须提到郭大力在奠定党校政治经济学发展基础方面的贡献。1953年10月,马列学院成立政治经济学教研室,郭大力任教研室主任。1955年8月,马列学院改名为中共中央直属高级党校,按中央要求开设研究班、普通班。这些班次都将政治经济学列为教学内容,其中研究班政治经济学156课时,主要是资本论占2/3;普通班政治经济学和经济问题课程占总课程的28%。郭大力带领龚士其等教研室教员大力投入对政治经济学科的研讨、教学课程的设计等工作中，同时抓紧时间研究国家经济建设和社会发展急需的经济基础理论。在郭大力的领导下，政治经济学教研室撰写教学总结，在《学习》杂志1955年第6期上发表《关于学习政治经济学的一点问题》。其中探讨对学科教学规律的认识，有利于更好地指导教学实践，也为地方党校的改进提供了很好的经验。按照1956年3月出台的《高级党校七年规划》，政治经济学教研室增设"经济学说史"教研组，同年7月中央高级党校成立校教学委员会，郭大力为25名成员之一。中央党校的经济学科和政治经济学教研室也从此

郭大力、王亚南翻译的《资本论》

郭大力
将《资本论》带入马列学院讲堂的译学大家

走上更加充满机遇与活力的发展轨道。1958年,郭大力由于多年来的过度劳累而得了脑血栓后遗症,被迫暂停许多行政事务和授课任务,而将主要精力投入译文修订工作中。

三、终身践行马克思主义信仰

郭大力是翻译家也是社会学者,一生矢志不渝翻译和介绍马克思主义著作。讲到郭大力的执着和毅力,习近平总书记非常推崇,不仅推崇他的学术造诣,更推崇他的崇高人格。

翻译《资本论》是最好的体现。《资本论》和很多红色书籍一样,曾被国民党当局列为禁书,翻译此书随时都面临生命危险。在白色恐怖、血雨腥风的岁月里,郭大力却毅然决定要全文翻译《资本论》。而当时在国民党统治下,一般的出版商都不愿意冒风险出版这样一部红色的大部头著作。郭大力所承担的压力是可想而知的。但他没有退缩,而是矢志不渝,一往无前。

郭大力的五弟郭秀勘回忆说,为躲避战火,郭大力从上海匆忙回到家乡,但由于走得太急,身边连一本德文字典都没有。有时因为书中的一些语句翻译拿不准，郭大力急得牙龈上火，连发几天高烧。即使这样，稍微清醒，他就喊着要继续翻译《资本论》。家里人都觉得他"入魔"了，什么事情这么重要，难道比生命还重要？

通过长期的学习和研究，郭大力树立了对马克思主义的坚定信念，同时对马克思、恩格斯充满崇敬。正是由于这种崇敬，20世纪三四十年代，郭大力先后三次倾力编译《恩格斯传》。这部书是由柏林大学教授古斯塔夫·迈耶尔撰写的，郭大力爱不释手。1939年拿到原著后很快翻译出来，但译稿在邮送出版社途中丢失了。1940年重译一遍，译稿曾交朋友代存，也遗失了。1947年读书生活出版社出版的中译本，是第三次译稿。他说："我不惜再三重新动笔，是因为这位思想家的生活，太使人敬爱了。他的勇敢，他的热情，他的谦虚，实在使人神往。"[①]

在厦门大学当了教授，但他个人生活极为清简质朴。新中国成立之初曾任中共厦门大学党委书记的熊德基回忆说："有一次他留我吃午饭，记得只有一个菜

---

① 郭大力编译：《恩格斯传》，读书生活出版社1947年版，序。

郭大力
将《资本论》带入马列学院讲堂的译学大家

中有点肉,其余的都是素菜,据我所知他的收入相对来说不算太少,平时从不吸烟喝酒,也未见他穿过新衣服,却想不到他的日常生活竟如此俭朴,伙食不但不能和别的教授比,甚至比不上讲师助教在教师食堂的饭菜。他真像个'苦行僧'。"[1]1957年,他经杨献珍和龚士其介绍加入中国共产党。入党后,他先后三次将节省下来的工资与稿费共12万元上交组织作为党费,这在当时是很大一笔钱。个人生活的俭朴与交党费上的慷慨,在他身上形成鲜明对比。

对于事业上所取得的成绩,郭大力从不居功自傲。他始终认为,他之所以能够在翻译《资本论》等方面取得一些成绩,应该归功于党。他生前常说:"我会开始翻译马克思这部著作,是由于党的事业的鼓舞;我能坚持几十年,也是由于党的领导和支持","没有党的关怀和支持,就没有我的一切。"[2]《资本论》三卷本是由他和王亚南合译的。由于种种原因,王亚南译得比较少,也没有参加译文的修改校订工作,但郭

---

[1] 熊德基:《忆郭大力同志》,《江西社会科学》1983年第1期。
[2] 刘海藩、朱满良主编:《中共中央党校名师》第1卷,中共中央党校出版社2002年版,第205—206页。

大力从来都认为:"这决不是表示我应享有较优的权利,因为没有亚南的合作,这部书的完成,决不能这样迅速,甚至在我们应再开始的时候,也许根本就不会再开始。一个人对于一件事的贡献,然后你现在多少钱?决不能单纯由量来估计。"[1]他离世前,在接受记者采访时,曾评价自己翻译《资本论》的工作说:出力很大,成就很小,这就是我自己对这个工作的自我估价。在党校,他课上课外乐于和学员交流学习心得,常说:我自己对《资本论》的理解还是很肤浅,所以,读者发现其中的错误,请告诉我,以便改正。

郭大力先生近五十载译介人生,数十册经典译著,倾注了他对践行革命理想的全部心血。他曾对朋友说:"只打算终生翻译马恩的著作,尽我力之所及,能干多少就干多少"。他辛勤笔耕,从来没有假期。他对《资本论》的钻研和教学贯穿一生,为马克思主义理论在中国的传播作出铭刻史册的巨大贡献,极大地推进中国特色社会主义政治经济学理论构建,对中央党校及党校系统的理论教学工作起到无可替代的榜样作用。

---

[1] 〔德〕马克思著,恩格斯编,郭大力、王亚南译:《资本论》第3卷,读书生活出版社1938年版,第764页。

郭大力
将《资本论》带入马列学院讲堂的译学大家

参考文献

1. 〔德〕马克思著,恩格斯编,郭大力、王亚南译:《资本论》第3卷,读书生活出版社1938年版。

2. 〔德〕马克思、恩格斯著,郭大力译:《资本论通信集》,读书生活出版社1939年版。

3. 郭大力编译:《恩格斯传》,读书生活出版社1947年版。

4. 〔德〕卡尔考茨基编,郭大力译:《剩余价值学说史》,实践出版社1975年版。

5. 郭大力:《〈资本论〉补遗勘误》,读书生活出版社1940年版。

6. 郭大力:《关于马克思的〈资本论〉》,生活·读书·新知三联书店1978年版。

7. 中共中央马克思恩格斯列宁斯大林著作编译局马恩室编:《马克思恩格斯著作在中国的传播》,人民出版社1983年版。

8. 王旭东:《〈资本论〉郭大力、王亚南译本考》,辽宁人民出版社2021年版。

9. 姜海波:《〈《资本论》通信集〉郭大力译本考》,辽宁人民出版社2020年版。

10. 姜海波:《〈剩余价值理论〉郭大力译本考》,辽宁人民出版社2021年版。

11. 熊德基:《忆郭大力同志》,《江西社会科学》1983年第1期。

冯定

追求应用的哲学和哲学的应用的教育家

冯定
追求应用的哲学和哲学的应用的教育家

冯定，1902年9月生，浙江慈溪人。由于家境贫寒，他在亲戚资助下读完师范学校，1921年毕业。1925年考入商务印书馆做编辑工作。1926年加入中国共产党，1927年赴莫斯科中山大学学习。1930年回国后长期做党的地下工作。抗战爆发后，被党组织派往前线，在新四军做宣传教育工作，兼任过皖南军部《抗敌报》主编，当过抗大五分校副校长。1947年后任华东局宣传部副部长。1953年1月任马列学院一分院副院长。1955年6月当选中国科学院社会科学学部委员。1957年1月，调北京大学任哲学系教授，开创了北大的马克思主义哲学学科，后兼任北大党委副书记。1978年后任北大副校长。曾任第二、三、四届全国政协委员，第五届全国政协常委。1983年10月因病去世。

一、对于推动马克思主义大众化的贡献

冯定接触马克思主义进步思想是在商务印书馆期间。他借助商务印书馆的条件,广泛涉猎各方面知识,写各种文体文章,并自学英语和俄语,翻译一些小品。在莫斯科中山大学期间,冯定开始系统学习马克思主义的相关理论,并对哲学产生了浓厚兴趣。回国后开始从事党的地下工作,大力宣传革命文化。自1932年开始,以"贝叶"(取自古语"贝叶传经",意为要用自己的文字来传播马克思主义的经典思想)为笔名在上海各大进步刊物上发表文章。由艾思奇任编辑的《读书生活》,夏征农主编的《文化食粮》,平心编辑的《自修大学》,都刊有他的哲学论文。这些论文有《论自然哲学与历史哲学》《英雄和英雄主义》《哲学的应用》《新人群的道德观》《形式逻辑的扬弃》等,深受进步青年的喜爱。

1937年3月,冯定撰写出版第一部著作《青年应当怎样修养》,主要针对当时国统区青年的思想实际困惑,以平等的态度对话,采用谈心的方式用生动的语言向青年朋友介绍马克思主义的新型世界观和新型

冯定
追求应用的哲学和哲学的应用的教育家

人生观,成为一部颇具影响力的以马克思主义观点解释人的道德修养的读物。这部书在上海一版再版,成为当时最畅销的读物之一。

在部队期间,尽管在长期的战争环境下不能进行系统的写作,但冯定坚持用作报告和写评论的方式向青年战士和群众进行形势政策的宣传和教育,在《抗敌》杂志、《抗敌报》上写了不少关于论述党的政策和马列主义理论性的文章。1940年1月,冯定写作了长篇论文《美国与世界大战》。这是他运用马克思主义哲学观点分析现代帝国主义的经济与政治的范本。他运用当时所能搜集到的丰富的统计资料和辩证的分析方法,把这个处在世界反法西斯营垒却又执行反革命两面政策的新兴帝国主义国家,这个使多少人为之迷惑,又有多少人为之畏惧的资本主义世界的百足之虫刻画得淋漓尽致。

20世纪50年代,冯定撰写了极有分量的有关马克思主义大众化宣传的"一文一书"。"一文"指的是冯定围绕"如何正确认识国内的阶级问题"而写的《学习毛泽东思想来掌握资产阶级的性格并和资产阶级的思想进行斗争》。"一书"指的是1956年出版的《共产主义人生观》。《学习毛泽东思想来掌握资产阶级的性格并和资产阶级的思想进行斗争》于1952年

3月24日在《解放日报》发表后,毛泽东高度关注并亲笔做了修改。这篇长达2.2万字的文章,先后在《学习》杂志和《人民日报》上以《关于掌握中国资产阶级的性格并和中国资产阶级的错误思想进行斗争的问题》为题全文转载。该文以笔记的形式,以毛泽东思想为指导,认真思考并大胆提出了关于中国资产阶级的特点及同中国资产阶级进行斗争的正确思想,认识比较辩证,把握比较准确,总体上符合党当时的政策。《共产主义人生观》是冯定继《平凡的真理》后又一部推动马克思主义大众化进程的著作。该书在1956年11月由中国青年出版社第一次出版,1957年6月再版,并在1958年之后多次印刷出版。全书以科学的世界观和历史观为基础,由抽象到具体,探讨人生观问题,很好地回应了中央当时关于"要搞实际的哲学、群众的哲学,要让不懂哲学的人了解一点儿马克思主义哲学"的要求。此外,冯定这个阶段还发表了《共产主义人生观》《个人主义和个人利益》《修养无时可息　学习终生不停》等论文著作。

1982年3月,冯定出版《人生漫谈》。这部著作采用"漫谈"的方式,以世界观和历史观为经、以关于人生的具体问题为纬,具体谈论和分析青年最关

冯定
追求应用的哲学和哲学的应用的教育家

冯定《平凡的真理》，中国青年出版社 1955 年版

心的现实问题，事理并举、娓娓道来，让人读起来既有感染力又有说服力，倍感亲切。他在生命的最后几年，还写下了《树立无产阶级世界观，走历史必由之路》《哲学工作者的历史使命》《学习刘少奇同志关于党的建设的理论》《让共产主义道德深入人心是理论工作者的神圣职责》《汲取人类思想文化中一切有价值的东西》《怎样学哲学》《精神文明在社会主义建设中具有特殊的重要地位和作用》等论文。

总体来看，冯定的哲学著述主要分为三类。一是通俗哲学，以通俗形式讲述马克思主义哲学基本原理；二是伦理哲学，主要向广大青年讲述人生修养，进行共产主义人生观教育；三是政治哲学，基本上是对中国革命经验作哲学的研究，对党的路线和方针政策从哲学的角度进行阐述。

在这些著述中，贯穿着两个鲜明特点。第一个特点是坚持理论和实践相统一，反对纯粹的书本哲学。在20世纪30年代，冯定还是一个刚刚接受马克思主义哲学的年轻理论工作者时，他就认为，马克思主义哲学（当时他叫作新哲学）不应当只存在于马克思主义的著作和哲学教本里，而应当广泛地存在于我们的生活领域、经济领域、政治领域以及广泛的社会领域，也存在于自然科学领域里。他提出了"应用哲学"的概念。他说，我们研究哲学，不应只明白几条宇宙发展和社会发展的规律，还应将这些规律用来分析活生生的现实，在活生生的现实中去活生生地应用。"应用哲学"这个概念，反映了冯定对马克思主义哲学的根本看法，而这个看法又贯穿他的整个哲学著作和哲学活动中。[①]

---

① 参见袁方、张文儒：《冯定的学风与哲学思想的特点》，《社会科学》1985年第7期。

冯定
追求应用的哲学和哲学的应用的教育家

冯定《平凡的真理》

他从事哲学著述的目的很明确，就是揭开真理神秘的面纱，面对社会实际，让普通大众了解哲学、运用哲学。

第二个特点是注重哲学的群众化和通俗化。他的哲学专著《平凡的真理》将近 30 万字，全面介绍了马克思主义的辩证唯物主义和历史唯物主义基本原理，又讲了这些原理在实际斗争中的体现和运用，并且全书完全是用自己的语言来讲述自己对马克思主义哲学的理解，没有一处引文和"引经据典"，这在同辈人写的哲学著作里实属少见。没有深厚的哲学素养是难以做到的。冯定非常注意把某些哲学概念、范畴用人们易懂的语言来表达。同时，他的著作也非常重视事理结合、以事喻理，既讲哲学道理，又融汇着人们的亲切经验，没有丝毫学究气，文字生动活泼，浅显易懂。他从来不摆教师爷的架势，也从不自封高明。读他的著作，好像听一个长辈或者一个老朋友同你谈话，恳切而无教训味，细致而不嫌絮叨，读后使人感奋，令人回味。

二、在马列学院一分院期间的教学和行政工作

1952年马列学院一分院组建，主要培训我国周边国家尚未执政的共产党的高级干部。院长由时任中联部副部长兼任，冯定调任第一副院长，实际上负责马列学院一分院的日常工作。

马列学院一分院几乎是与中联部同时成立的。1951年1月，刘少奇通知正在莫斯科担任大使的王稼祥：中央已决定你为中央对外联络部部长，负责与各国兄弟党的联络。同时，建立专门负责给兄弟党训练干部的干部学校，"这个学校是秘密的，不要正式名称，也不要正式的校长，由中央委人负责办理，一切日常事务由联络部解决"[1]。这就是马列学院一分院

---

[1] 中共中央文献研究室、中央档案馆编：《建国以来刘少奇文稿》第3册，中央文献出版社2005年版，第26页。

冯定
追求应用的哲学和哲学的应用的教育家

的由来。事实上,到 1951 年初中共中央对外联络部成立时,北京已成为亚洲各国共产党代表集中活动的中心。当时亚洲未执政的各国共产党都有代表常驻北京,他们大都携带家属居住和工作在马列学院一分院大院内。这些代表主要是作为本党与中共的联络员,有的还代表该党出席一些重要会议,初期还有些代表直接参与中共的工作。[①]

相比国内干部的培训工作,一分院承担的干部培训工作具有许多新的特点。既要介绍中国革命的经验,中国共产党和兄弟党之间是平等的关系又决定了我们不能也没有权力对兄弟党的同志发号施令,但当兄弟党的活动出现某些明显失误时,作为同志,我们又有义务提醒他们,甚至对他们提出批评,可又不能伤了感情。这就需要更加讲究教学方法和教育艺术。

在一分院工作期间,冯定的主要工作是处理每天的日常院务,定期向学员做国际国内的形势报告、讲课、接见学员并与他们谈话等,同时也开展马克思主义的理论研究。他长期从事党的宣传工作和干部培训

[①] 参见沈志华:《毛泽东与东方情报局》,《同舟共济》2012 年第 1 期。

冯定《中国共产党怎样领导中国革命》，上海人民出版社

工作，有着丰富的理论宣传和思想政治工作经验，对中国革命也有着深入的理论思考。在一分院期间，冯定特别重视根据兄弟党的革命实际和民族特点，在提高学员理论水平和解决思想问题时，既注重理论联系实际，又注重采取特别细心、周全地商量和谈心的工作方式。他在讲课、谈话中经常采用联系中国革命实际的形势，谈中国共产党成功的经验和失败的教训，以此来间接、委婉地对兄弟党的学员进行教育。一分院的许多学员来自流血的前线，他们都是青年，斗争的尖锐、亲友与同志的牺牲往往容易造成他们思想上的偏激和情

冯定
追求应用的哲学和哲学的应用的教育家

绪上的急躁。对此,冯定有时要与他们进行长时间的谈话,做艰苦细致的思想工作,使他们明白国际形势的大局和社会主义的根本利益。

在一分院工作期间,冯定言教身教并重,他的为人、他的品格,本身就是一本无声的教材。与他共事过的同志,听过他的报告和讲课的同志,都有这样的印象:冯定是一个感情色彩比较丰富的人,他对社会主义事业的成功与胜利欢欣若狂,对不正之风十分厌恶,对他所信仰的马克思主义和投身的革命事业以极大的热情去鼓动、演说和投入,许多同志愿意听他的演说,认为他的讲话有很强的感染力与说服力。这一点,可以从他当年的一位研究生回忆1957年冯定被调到北大给学生讲话留下的印象得到印证。"大家爱听他讲话,一是深入浅出,更高深的哲理或难以说明白的政治问题,经他一解释就清楚了。二是风趣生动,有幽默感,不时还有些笑话插曲,使人精神宜爽。三是既讲理,又讲事,特别是历史、革命史、党史、军史方面的故事大家爱听,以事说理不枯燥、不烦闷,能入脑入耳。"[1]

---

[1] 谢龙主编:《平凡的真理 非凡的求索——纪念冯定百年诞辰研究文集》,北京大学出版社2002年版,第47页。

当时，曾多次有学员因教材内容的繁多而不得要领，向他请教哲学的真谛是什么。冯定认为，马克思主义哲学即辩证唯物主义的根本原理并不繁杂，可以相当简洁地归纳成几条根本规律，关键是学会马克思主义看问题的立场和分析问题的方法，把这些搞通了，许多观点的产生是自然而然的，而那些看起来很难懂、内容很多的文献也不过是根本原理对各个具体问题的应用。辩证唯物主义揭示的物质运动的一般规律，给其他科学提供了最正确的研究方法和方向；除了数学外，其他科学从物质的量出发而研究其规律外，都是分门别类来阐明物质的构成和机能的，揭示了各种事物存在和发展变化的具体规律。他这样看哲学和其他科学的关系，也这样看哲学的根本原理和其中具体观点、规律的关系。在他的著作中可以找到多处这样的例子：谈的是具体问题，但却指出了这一问题的一般原理和哲学的联系，指出了某一问题是如何应用辩证唯物主义来解决并给出答案的。

冯定高度重视青年学者的培养。在马列学院一分院工作期间，他对新出现的教条主义苗头非常敏感，以自己多年来的亲身体验为依据，把学术理论的发展

冯定
追求应用的哲学和哲学的应用的教育家

繁荣寄托于后起之秀。1956年,他在《哲学研究》第3期发表文章《谈"百家争鸣"》,开宗明义指出培养青年学者的重要意义,即"百家"是不可能自天而降的,而必须从"千家""万家"中涌现出来;而为了使其"衣钵"能够传授下去,也是必须依靠"千家""万家"的。因此,学术理论研究要切实做到"百家争鸣",非要从青年学者培养抓起不可。他对培养青年学者提出三点意见:一是强调花"很大的力量"用于"普及文化的工作,使某些基本理论成为社会常识的工作,大量培养青年学者的工作"。二是强调"家"是"自然而然形成的","后进也好先进也好似都不应忙于成家,成了'家'也更不应有睥睨一切的气派"。三是强调正确对待青年学者,坦诚而中肯地指出:"对于青年学者自不应一味夸奖,好象只要年轻,那么所说所想总都是好的和对的;然而青年学者只要有了任何一得之见,就该珍惜,就该鼓励和指导其继续钻研,以便更加完整和更加充实。"①

---

① 谢龙主编:《平凡的真理 非凡的求索——纪念冯定百年诞辰研究文集》,北京大学出版社2002年版,第14—16页。

三、在马列学院一分院期间的研究和写作

冯定在马列学院一分院工作时间虽然不长,但这段时间在他的工作和事业中却占有相当重要的位置。冯定当时正年富力强,无论身体还是精神状态都比较好,使这几年成为他事业上继20世纪30年代在上海高产期之后的第二个高产期。他在完成大量日常行政和事务工作的同时,写出了大量作品。

1953年3月,他撰写出版了《中国共产党怎样领导中国革命》著作,简介中国共产党怎样领导中国革命,说明"没有共产党就没有新中国"的道理。同年10月,上海人民出版社出版其"姊妹"篇《工人阶级的历史任务》,鲜明指出:"当工人阶级的革命已经胜利而专政已经实现的时候,工人阶级天字第一号必须完成的历史任务,就莫过于建设了。"[1]到1961年该书修订出版时,他仍然坚持认为:发展生产力是最根本的。

---

[1] 冯定:《工人阶级的历史任务》,华东人民出版社1953年版,第24页。

冯定
追求应用的哲学和哲学的应用的教育家

1955年10月,冯定重写再版了《平凡的真理》。这本书的再版,正赶上斯大林写的《辩证唯物主义和历史唯物主义》(即《联共(布)党史》四章二节)对我国哲学界影响最大的时候。斯大林的《辩证唯物主义和历史唯物主义》及其影响之下的某些教材,最大的缺点是脱离实际,教条主义味道比较重,在理论上的毛病则是把辩证唯物主义和历史唯物主义分成两块,使统一的马克思主义哲学被弄得支离破碎。当时多数的哲学工作者没有认识到它的不合理性,即使认识到了,有的也不敢冒犯斯大林的权威而另辟蹊径。冯定没有按照当时流行的教材对自己的著作进行修改,而是补充了部分新材料,对某些已不适合客观实际的提法作了订正。这在当时需要有很大的理论勇气。他认为,把辩证唯物主义和历史唯物主义分为两块,前者只讲有关自然宇宙的问题,而将人和社会的问题都放到历史唯物主义部分去讲,是很成问题的。他一直在考虑如何将马克思主义哲学讲成一个统一的革命的和科学的体系。《平凡的真理》可以说是这方面的有益尝试。这本书共四篇,第一篇是"真理和智慧",第二篇是"真理和谬误",第三篇是"真理和规律",第四篇是"真理和实践",很难说哪一篇是讲辩证唯物主义,哪一篇是讲历史唯物主义的,而是每一篇中既讲了辩证唯物主义,又讲了历史唯物主义。

1956年11月,冯定撰写出版了《共产主义人生观》一书。这本书在不长的篇幅里,根据辩证唯物主义和历史唯物主义的观点,从自然界和社会发展的客观规律讲起,向青年们浅显而又透彻地介绍了必须自觉做人和应当怎样自觉做人的道理。由于他注意从当时多数青年的实际文化水平和思想状况出发,注意把科学的世界观、历史观和正确的人生观结合起来,把抽象的哲理同日常工作和生活的具体实践结合起来,深入浅出,生动朴实,事理并举,循循善诱,使人读起来感到亲切而有说服力,因而十分切合广大青年追求真理、自觉树立共产主义世界观和人生观的需要。

1956年12月,人民出版社出版冯定的《有关中国民族资产阶级的某些问题》一书,除收入1952年撰写的《关于掌握中国资产阶级的性格并和中国资产阶级的错误思想进行斗争的问题》一文外,还收入了他1956年写的两篇文章《论中国工人阶级对民族资产阶级既联合又斗争的基本特点》(以下简称《基本特点》)和《关于我国当前阶级矛盾的性质和斗争的形

冯定
追求应用的哲学和哲学的应用的教育家

式问题》。其中,《基本特点》一文是 1956 年 7 月受《哲学研究》编辑委托,为苏联期刊《哲学问题》撰写的。当时,理论界正在开展过渡时期工人阶级和资产阶级矛盾性质的讨论,冯定积极参加学术讨论,除上述两篇文章外,还撰写了《关于我国当前阶级矛盾的性质和斗争的形式问题》《关于中国工人阶级和资产阶级的矛盾性质和斗争形式论争的关键》等文章。与 1952 年文章侧重直接分析民族资产阶级的特性相比,1956 年文章则从哲学高度的共性和特性的结合上,深入分析了工人阶级和民族资产阶级矛盾发展、转化的规律。前者侧重正确认识"五反"运动及党对资产阶级的统战政策,后者侧重正确理解党对资本主义工商业的社会主义改造的基本完成,两者是一致的。其论点既依据现实实践,又依据马克思主义关于阶级的理论规定,从理论和实践上都是顺理成章的。这些文章充分展现了冯定将唯物辩证法运用于政治分析的深厚哲学功力,也充分展现了他对资产阶级问题的深刻认识。

在马列学院一分院期间,冯定还在《哲学研究》1956 年第 3 期发表《谈"百家争鸣"》的短文,作为由 20 位哲学社会科学专家撰写的《"百家争鸣"笔谈》

专栏的首篇。在《中国青年》1956年第24期上发表《爱养父母在社会主义社会里也是必要的美德》，批评了当时一些虐待和遗弃老人、子女的行为，呼吁提倡尊老爱幼的家庭关系和社会风气。这期间，他1955年4月参加中国五一劳动节代表团访问苏联，在苏联高级党校、莫斯科大学等单位做了报告。1956年6月参加中国科学院拟制全国长期科学规划工作会议，与全体代表一起受到毛泽东的接见。

四、执着工作、淡泊名利的宽厚长者

冯定对名位看得比较淡。他是大革命时期入党的老革命，解放初就是行政6级干部。1956年5月，中央已决定撤销马列学院一分院，对冯定的工作安排有多种考虑，但都没有定下来。1957年1月由毛泽东提名，调冯定到北京大学哲学系，不担任任何领导职务，专任教授。冯定二话没说，立即到北大报到，角色转换非常自然。在国家由供给制转为工资制时，在确定八届中央委员人选名单时，在调动工作时，他从未提出过任何个人要求，从未向党和人民伸过手，但当需要他对国家贡献什么时，他却总是毫不犹豫。

冯定
追求应用的哲学和哲学的应用的教育家

1981年,冯定主动申请卸去北大副校长职务做顾问,石家庄一青年见报上消息后颇为感慨,来信表示问候和敬意。他看过信后,信手在一片纸上写下了这样一段话:人生的途程有如接力赛跑,每人在跑完他的路程后,就应将接力棒交给下一个人,而自己还可以退在一旁做啦啦队员,为正在奔跑的人呐喊助威。

冯定从来都是把学习哲学和做人联系在一起,把教书和育人当作一回事。他经常讲,马克思主义哲学的出发点和归宿是"社会的实践",就是改造客观世界和主观世界,包括改造人的认识能力和增进道德品质的修养。正如陶行知说的,"千教万教教人求真,千学万学学做真人"。有位学生回忆他曾经说过,大革命时期,汪精卫要"反共"前,对共产党人说,你们这些口号写写文章是可以的,怎么真做呢?马克思主义者不是汪兆铭那样的假革命,只要真学习马克思主义,就要付诸实践,懂得了就要兑现。[1]

冯定坚持真理而不盲从附和。他坚持用马克思主

---

[1] 章玉钧:《对平凡真理的非凡探索——心香一瓣献吾师冯定》,《西南民族大学学报(人文社会科学版)》2003年第7期。

义原理分析和回答现实问题。当遇到会冒风险、会涉及个人利害的问题时，坚持真理是需要勇气的。如果不是采取唯物主义者的态度，出于公心，则难免做违心之论。对这类问题，如关于民族资产阶级的性格，领袖与群众的关系等，他从不采取绕着问题走的态度。冯定对经过认真思考而又认为是正确的观点，从不随风摇摆，从不"曲学阿世"。他研究理论问题时不掺杂任何私心杂念，只对真理负责，做到了彻底的唯物主义。1964年，冯定被报刊点名批判后，在政治高压下，已被剥夺了发言和申辩的权利。他只能以沉默来表示不同意和心中的愤怒。好心的朋友和同志劝他多做深刻检讨对自己有好处。他说：我不愿意做检讨英雄。

冯定在哲学理论上的巨大成就和他主观上的勤奋学习、刻苦钻研是分不开的。他永远不满足已经得到的知识，总是还不断地寻求学习新的知识，这种精神一直保持到他的晚年。为了钻研、弄清一个问题，他往往废寝忘食，以至于他的警卫员和保姆要反复劝说他吃饭休息。到北大后，他已经是知名教授，仍然不忘取他人之长补自己之不足，利用北大科系齐全、人才济济，经常向一些专家、学者和教员请

冯定
追求应用的哲学和哲学的应用的教育家

教。他觉得搞哲学应该要多懂得一些自然科学知识,因此常请数学系、物理系的老师到家里来给他讲课,结果他对有些高难问题的掌握,使有关的专家都颇为惊讶。

冯定的夫人袁方回忆,冯定认为共产党人是最懂得人性和最富有感悟的人。冯定无论对上级或是同级、下级,无论是对干部还是公勤人员,都是十分尊重,与人为善,爱护备至。一分院初期实行供给制时,他严禁家属去小灶打饭,教育孩子不占公家便宜。冯定的孩子曾回忆道:一次工人到家中安装玻璃,我们想用余料做个万花筒,被父亲制止,还给我们讲不动用公家一针一线的道理。[1]他经常教导孩子们要掌握真才实学,不要有优越感,不要靠父母。顺境固然值得珍惜,而青年人能在逆境中磨炼也是非常必要的和宝贵的。他说过:人生就是进击,这也就是我在漫长的人生道路上得出的体会。

冯定仁心宽厚。对于别人对自己的暂时误解,冯定能够委曲求全,对于他人的困难,冯定却极富同

---

[1] 冯宋彻:《冯定:人生就是进击》,《北京青年报》2022年9月28日。

情心。他自己平时除购买一些书籍和必要的生活用品外,从不花钱,但当他得知自己的警卫员家乡受灾时,却立即拿出一笔数额不小的收入予以支援。后来,当这位警卫员病危时,冯定又用自己的保健待遇尽力挽救其生命。许多同志在遭遇困难时,都曾经得到过冯定的帮助。

冯定的夫人袁方这样总结说:"冯定同志所走过的一生,体现了一个共产党员所应该做到的一生。他的理论研究和实际行动是一致的。他研究辩证唯物主义哲学,他的一生就是坚持为追求真理而奋斗的过程;他研究共产主义人生观,他的一生就是为共产主义理想热心宣传和实践的过程;他研究青年思想修养问题,他的一生就是坚持在逆境中进击的过程;他研究共产主义的伦理学,他的一生就是体现了一个好同志,好丈夫和好父亲的高尚道德情操。"[1]这是冯定一生的真实写照。

---

[1] 谢龙主编:《平凡的真理 非凡的求索——纪念冯定百年诞辰研究文集》,北京大学出版社2002年版,第149页。

冯定
追求应用的哲学和哲学的应用的教育家

参考文献

1. 冯定:《平凡的真理》,中国青年出版社1980年版。
2. 冯定:《人生漫谈》,吉林人民出版社1982年版。
3. 《冯定文集》第1卷,人民出版社1987年版。
4. 《冯定文集》第2卷,人民出版社1989年版。
5. 谢龙主编:《平凡的真理 非凡的求索——纪念冯定百年诞辰研究文集》,北京大学出版社2002年版。

吕振羽

革命与学术的完美结合

吕振羽
革命与学术的完美结合

吕振羽，1900年1月生，湖南邵阳人。1921年考入湖南工业专科学校（后改为湖南大学工科），1926年6月毕业。大学期间，受李达影响，开始尝试运用马克思主义研究中国历史问题。大学毕业后，投笔从戎，参加北伐军。北伐失败后东渡日本，在明治大学专攻政治经济学。回国后在北平主编《村治》《新东方》等刊物，并在大学任教。20世纪30年代初，成为"中国社会史问题论战"的主将。1936年加入中国共产党。从1934年6月至1937年6月，相继出版《史前期中国社会研究》《殷周时代的中国社会》《中国政治思想史》等专著和发表数十篇论文。尤其是《中国政治思想史》，从理论观点到编撰体例、分析方法，为运用马克思主义系统地研究中国思想史开创了先河。1938年夏，在湖南创办塘田战时讲学院，推动全省抗日救亡运动。1939年到重庆从事历史研究和党的统战工作。1941年出版《简明中国通史》上册并奉调华中局党校教授。1942年随刘少奇到延安，先在中央研究院任特别研究员，后在中央党校一部参加整风运动。抗战胜利后到东北工作，先后任中共辽东省委常委，大连大学校长兼党委书记，东北人民政府文教委员会副主任，东北人民大学校长兼党委书记。1947年出版《中国民族简史》，1948年出版《简明中国通史》下册。1955年6月当选中国科学院哲学社会科学学部委员。1959年至1963年初，担任中央高级党校历史学教授兼历史教研室顾问。曾当选第一届全国人大代表，第三届全国政协委员。1963年蒙受不白之冤，失去自由。党的十一届三中全会后，担任中国社科院顾问。1980年7月去世。

一、两次与中央党校结缘

第一次结缘是1942年。当时任刘少奇政治秘书的吕振羽，于1942年底随刘少奇回到延安，担任中央研究院中国历史研究室的特别研究员，开展历史研究工作。1943年延安的整风运动仍在进行，吕振羽认为这是一次提高自己马克思主义理论水平的好机会，主动要求参加这一学习。他被安排在中央党校一部参加了整风运动，改任刘少奇学习秘书。在延安的几年

吕振羽
革命与学术的完美结合

时间里,他在《解放日报》上连续发表《中国历史常识讲话》等多篇文章。在蒋介石发动的第三次反共高潮中,他愤然写就了《国共两党和中国之命运——驳蒋著〈中国之命运〉》一文,全面系统地清算国民党顽固派的反动历史。这一段时期可以算是吕振羽与中央党校的第一次结缘。

第二次结缘始于1955年。当时吕振羽被调离东北大学,赴北京治病。此时,中央高级党校初创,时任中央高级党校校长杨献珍委派历史教研室主任魏晨旭等同志前往吕振羽住处,邀请他为中央高级党校上课并指导教研室的教学和研究。吕振羽欣然同意,他表示理论工作者为中央高级党校讲课,是义不容辞的责任。就此,吕振羽开始对中央高级党校历史教学进行业务指导,半个月内几次和中央高级党校历史教研室全体干部交流,就如何进行中国历史的理论研究和教学工作提出了很多很好的意见。但因他很快便去苏联、德国参加学术会议,之后因病休养,所以授课一事暂时搁置了。一直到1959年,中央高级党校的任务由轮训干部改为培养理论宣传工作的中高级干部,开办了理论班。为了让学员系统学习中国古代史和近代史,设立中国历史课。中国古代史仍请吕振羽讲授，并聘请他兼任历史教研室顾问，指导党校历史教研室的教学和科研。吕振羽的到来，对当时已是人才济济的中央高级党校历史教研室来说，无疑是如虎添翼。

二、在中央党校的丰硕教研成果

吕振羽在中央高级党校工作期间，由于摆脱了行政杂务缠绕，又身处北京这一学术中心，有很多思想碰撞的机会，加上党校相对宽松的学术氛围，使他可以专心于史学研究。在授课之余，他撰写了大批理论文章和著作。可以说，这一时期是吕振羽在新中国成立后史学成果最多的时期。

撰写《中国历史讲稿》。1959年，吕振羽给中央高级党校理论班学员讲授中国古代史，授课共18讲，每讲半天，从中国原始社会一直讲到鸦片战争。课程结束后，历史教研室将讲课的速记稿整理成书，1961年印发给听课人员。后经江明、魏晨旭整理，1984年交由人民出版社出版。这就是著名的、为学术界普遍称道的《中国历史讲稿》。全书共18讲，共20余万字。这份讲稿，"简明扼要，理论性强，深入浅出……

吕振羽
革命与学术的完美结合

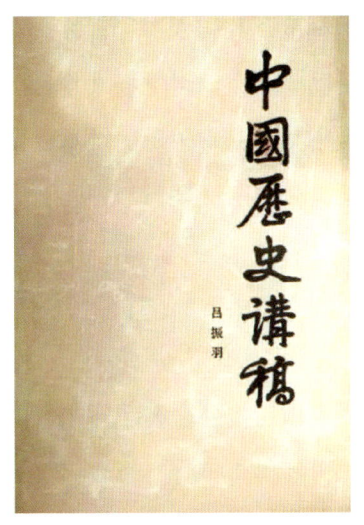

吕振羽《中国历史讲稿》,人民出版社1984年版

正适合高中级党校、高中级干部政治学校和广大在职干部学习中国历史的需要"[1]。它不仅反映了吕振羽讲课的主要特点,更重要的是准确而概括地阐明了他对一系列重大历史问题的独到见解。第一、二讲是《中国历史引言》,着重讲了学习历史的重要性、指导思想以及马克思主义史学在中国的发展过程。第三至十八讲,阐述了中国历史上存在的原始公社制、奴隶

---

[1] 吕振羽:《中国历史讲稿》,人民出版社1984年版,第2页。

制和封建制诸制度及其转变过程,并对历史上的一些重要人物作了适当评价。《中国历史讲稿》虽然篇幅不长,却是他数十年研究中国历史学术成果的一次升华和总结,是把马克思主义理论与中国历史实际相结合进行研究的新成果。

撰写《中国历史引言》。1962年下半年,吕振羽给61班学员讲授"中国历史引言"课程。讲课稿经过整理印成《中国历史引言》单行本,副标题为"中国历史上的几次波澜和曲折"。这本单行本近3万字,理论性强,集中讲述了中国封建社会发展过程中几个人的飞跃、逆转以及民族矛盾和冲突,同时又写得通

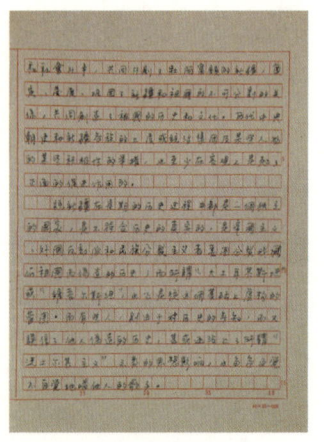

吕振羽《新疆和祖国的历史关系讲话草稿》(讲授记录稿)

吕振羽
革命与学术的完美结合

俗易懂，非常适合学员自学，成为学员学习中国历史不可或缺的导论、导学。后来和其他历史学家的讲稿一起结集成《中国古代史讲座》一书，由求实出版社于1987年出版。

聚焦民族问题研究。在中央高级党校授课期间，吕振羽结合当时民族工作的需要，逐渐将史学研究的重点转向民族关系问题。1959年至1962年，他先后发表了《我国若干少数民族的原始公社制或其残余》《论我国历史上民族关系的基本特点》《从远古的文化遗存看我国各民族的历史关系》《新疆和祖国的历史关系》《中国历史上民族关系的几个问题》等论文，对中国民族关系的基本特征和主流问题、民族同化和融合问题、历史上民族战争的性质问题进行了充分研究阐释，从理论上进一步总结了中国民族关系的基本特征。他提出，各民族之间的友好合作是中国历史上民族关系的主流，各民族劳动人民之间本质上不存在剥削、压迫和不平等；各族人民在经济、文化和政治上的相互影响，形成密不可分的联系，构成今天多民族国家统一的基础；凡生活在今天国土以内的各民族都是中华民族的有机组成部分。这些观点在当时无疑具有极大的针对性和说服力，对制定和贯彻党的民族政策、巩固民族团结、打击分裂势力,具有巨大的现实意义和理论价值。

三、最受欢迎的历史学教员之一

吕振羽一向重视教书育人、培养后学。1959年至1962年在党校工作期间,他不顾健康情况,讲授中国历史、指导研究生、传授治学经验,积极参与各种座谈会发表演说,与党校师生结下了深厚感情,成为中央党校最受欢迎的历史学教员之一。①

当时理论班的学员多是省委党校、大专院校的教研室主任,以及宣传教育、新闻出版、理论研究方面的领导干部,政治理论和文化水平都较高。针对这种状况,吕振羽认为:我们这些干部学习历史,和大学生与科研人员学历史,不能完全一样。②讲课中,他克服了一般历史教科书面面俱到、无法在一些重大历史理论问题上深入展开的局限,采用详略结合的方式进

---

① 参见郑必坚:《中共中央党校名师》,中共中央党校出版社2002年版,序。
② 张锦城、张淑凤:《吕振羽与中央党校历史教学》,《学习时报》2014年12月29日。

行讲授。对一般的历史事件和问题，他简单提及，或是让学员参看《简明中国通史》的相关部分，而对一些重大历史理论问题，诸如中国奴隶制和封建制的分期问题、统一的多民族国家的形成及民族战争的性质问题、中国封建社会的土地制度问题、中国资本主义萌芽的问题、重要历史人物的评价等，则详细介绍。他还采用对比的方法，对问题产生的社会背景、立论的根据、争论的焦点、代表人物及其论著，作扼要的介绍和评论，然后讲明是自己的"一家之言"，让学员自己去判断思考，形成自己的见解。这种授课方式，使学员耳目一新，不仅有很强的针对性和启发性，而且可以使学员听一家而知百家，形成比较思维，增强对历史理论问题和历史事件的理解和思考，从而产生了良好的教学效果。课堂上气氛活跃，课堂下议论热烈，学员们普遍认为吕振羽授课内容丰富，有理论深度，具有启发性，对学习中国历史产生了浓厚的兴趣。不少学员在选择专业时，选学了历史专业。

1961年至1962年，吕振羽在授课之余还为党校理论班学员和党校干部讲授了"关于中国历史上的"百家争鸣"问题""中国历史上的波澜和曲折""中国历史的特点问题""地下出土的远古遗存和我国原始公社制时代的历史过程"等若干历史专题课程。这些讲座各具特色，引人注目。在课堂上，吕振羽博采众长，深入浅出，长于理论，充分发挥了他卓越的史学才能。这一时期，他对中国历史学科的建设提出了很多很好的设想，如希望开辟军事史、妇女史、政治史等新的史学研究领域，还提出了"中国历史上的几次波澜和曲折""关于中国历史上的'百家争鸣'问题"等很多令人耳目一新的理论见解。

新疆和祖国的关系问题，是吕振羽多年致力研究的一个重要课题。吕振羽在给新疆班讲历史课时，结合该班学员的实际需要，特别讲授了"新疆和祖国的历史关系"的专题课程。他引用了大量史料和出土文物，有力地论证了自西汉以来新疆就是祖国的组成部分，而不断加强的经济、文化联系是这种关系的坚强纽带。他在讲课中着重指出：新疆在长期的历史过程中都是一个独立的国家，是不符合历史的真实的，是帝国主义、外国反动势力和民族分裂主义者妄图分裂我们祖国而伪造的历史。他的讲述使新疆班学员增加了对祖国历史的了解，加强了他们的爱国思想，其中一些人在后来反对地方民族主义和分裂主义的斗争中，发挥了重大作用。

吕振羽
革命与学术的完美结合

作为党校历史教研室顾问,吕振羽具备非凡的战略眼光。1962年,他身体不好,医生建议他不要再讲课。为了把理论班60班和61班的中国历史课教好,吕振羽和历史教研室领导商定,邀请国内断代史专家分别授课。于是,尹达、裴文中、夏鼐、杨向奎、白寿彝、翦伯赞、田余庆、唐长孺、邓广铭、韩儒林、吴晗、郑天挺、谭其骧、刘大年、柴德赓、胡厚宣、丁声树、金灿然等学术名家,都被请到党校为学员上课,成为史学界的"盛举"。1962年9月吕振羽在给学员讲《中国历史引言》时宣布:今年的历史课,是约集国内许多历史学家来讲的,也将是百家争鸣的。这么多历史学家讲课,比我一个人讲要强很多倍。这是一次真正的"百家争鸣",校内外有不少人主动参加听课,索要讲课稿。这既是中央党校贯彻"双百"方针的重要举措,也是吕振羽等老一辈史学家倡导学术民主,推动学术争鸣的一次生动体现。当时的中央党校学员陈维仁回忆说,在党校的4年学习中,除了读马克思主义基本著作很受教益外,感到收获最大的就是从一些名家开的文史讲座中增长了知识,扩大了视野,给人以知识上的满足,其中不乏精辟独到之见。

四、奠定党校历史学科"史论结合"的研究范式

在中国马克思主义史学的开创者中,吕振羽素以耕耘领域广阔而著闻于世。自 20 世纪 30 年代初进入史学研究领域,不到 20 年的时间,他就在中国史前史、社会史、通史、经济史、政治思想史、民族史等专门领域,留下了深深的足迹和一系列颇具开创性与影响力的著述。吕振羽晚年谈及自己的史学研究时说:回顾 50 年来,我从选题到著述,每每是感于历史使命。简短的语言,真切地表达了他学术生命的根基所在。

吕振羽主张研究学术要有科学的态度,唯真理是从。历史学是一门求真的实证科学。他在历史研究方法论方面有自己的独到见解。他在党校的课堂上旗帜鲜明地反对"以论代史"的做法。他说,所谓以论代史,就是不讲具体历史事实,只讲马克思主义理论,如果是这样,这就不是历史。因为这里没有中国的历史,只有一个公式,随便套到哪里都可以,这在历史研究中叫做公式主义。他也反对"以史代论"的做法。

吕振羽
革命与学术的完美结合

他说,所谓以史代论,就是只要史料堆砌,不要马克思主义、毛泽东思想作指导,不要发现历史发展的规律性。他主张"史论结合",坚决反对所谓马克思主义史学不讲史料的说法,提出务必从丰富充实的史料中,正确地揭示出历史发展的规律性。他提出,研究历史要提倡"史论统一",实质上就是理论与实际的统一。要把客观丰富的历史写得具体生动,把历史的本来面貌反映出来,而这些历史事实本身又体现出了历史发展的规律性。求真正是吕振羽治学的核心要义。

在史料的获得和运用上,吕振羽不仅重视历史文献和档案材料,也重视出土文物、民俗材料和历代口碑相传的资料,尤其注重实地调查得来的一手资料。他把每次参观访问,都视作发现问题、总结规律的契机。他注意收集数据,注重听真话讲实情。1961年7月他应乌兰夫的邀请,参加民族历史研究指导委员会代表团,访问了内蒙古自治区。这期间,他参观了许多学校、厂矿、牧场,游览了昭君墓、汉古城等名胜古迹,看到了内蒙古出土的战国、汉、辽、金、元的文物,确证了民族融合是一个历史的过程。他比较了汉的瓦当和匈奴的瓦当,认为女真族很早就是中华民族的组成部分。这些重要的研究成果后来出现在他在党校的课堂上和发表的论文中。1962年底他回老家邵阳探亲。在有限的时间内,他尽可能多地利用到基层的机会,了解民意,获取准确数据,并以日记的形式将调研成果记录下来。同年12月15日,他参观武冈县翠云公社资南大队,详细了解了该大队农林牧副业发展的情况。当天晚上,他在日记中写道:"上午访翠云公社资南大队,户数295户,人口1098人。全劳力214人,土地1040亩,耕牛51头。农业产粮1962年比1961年增产19%,平均亩产600斤左右。劳动报酬,去年平均每日8.2角,今年平均每日12角……"[①]这些一手资料为他分析史料,研究现实情况提供了有力的佐证。

吕振羽认为学习和研究历史,要处理好约、博、精的关系。他在中央高级党校带研究生时,教导自己的学生,要"博"中有"约",由"约"到"精",由"专"到"通",才能有所收获。"约"是指阅读一些主要的史书,掌握相关的研究成果及其内容。"博"就是要博览,古今中外的著作、各种原始资料、笔记、

---

① 吕高安:《吕振羽回乡以日记的形式记录调研成果》,《湘潮》2017年第1期。

吕振羽
革命与学术的完美结合

札记等都要广泛涉猎，内容由专史、断代史再到通史，进行分类排队，将它们贯串起来。"精"就是精选一门，或专史或断代史，把与此相关的资料都找出来，集中阅读和研究，用马克思主义观点进行分析，与各家学说进行比较，真正弄通弄懂。

关于学风问题，吕振羽也给予了高度重视。他在党校工作时，专门在自己的论文中探讨过这个问题，他指出：批判地继承既有成果，是发展学术研究和不断提高我们的研究水平的客观规律，而且是马克思列宁主义的严肃学风所要求的，尊重前人的学术成果，一方面可以"不掠前人之功"，另一方面也不会在"已解决了的问题上去重复工作和浪费力气"[①]，从而加速学术发展的进程。

吕振羽对中央高级党校历史教研室的学科建设和青年教师的培养，也予以巨大的关注和支持。1960年，他主动提出对历史教研室全体干部进行中国历史理论的辅导与讲解，对各历史时期的重点内容，应该深入研究和探讨的问题以及如何开展史学研究等问题进行

---

① 吕振羽：《孔子学术讨论中的几个问题》，《大众日报》1963年12月21日。

了系统而深入的讲解，一共讲了十几次。他还指导教研室编写适合中央党校干部教学需要的历史教材和辅助资料《中国历史讲授大纲》《中国历史学界几个重要学术争论的介绍》《中国历史学习参考资料》等，强调要简明扼要，理论联系实际，史论结合，重在总结历史经验，阐明历史发展规律，编出自己的特色。在他的悉心指导下，青年教师在业务水平上提高得非常快。庞毓秀同志说：吕老在历史教研室工作时，正是历史教研室大发展的时候。

为加快对历史教研室青年教师的培养，时任党校校长杨献珍亲自拜访吕振羽，请他培养3名研究生（王树云、张锦城、胡盛芳）。吕振羽欣然同意。他对学生们说：我这次培养你们的方法和一般大学有所区别，主要是通过教学实践、学术活动、自学和研究，使你们能尽快地成长起来。吕振羽要求他们各自制定学习计划，包括主攻方向、近远期所要达到的目标等。要求他们读四方面的书，一是读马克思主义经典著作，要掌握其精神实质，把其作为指导读书的武器；二是读马克思主义历史工作者的著作，了解和掌握中国历史研究的规律和方法；三是读一般史料性质的书，要分清主次，深浅结合；四是读近代资产阶级学者的著作，要批评地读。还要求他们理论要踏实，基础要打得宽厚，专业要搞得深和牢。不能小有成绩就沾沾自喜，也不要怕困难，要知难而上。吕振羽的谆谆教诲，悉心指导，使学生们大有获益，迅速成长为学科骨干。

五、谦逊豁达自省的为人之道

作为马克思主义史学大师，吕振羽特别谦虚，他非常尊重其他马克思主义史学家的学术成果。吕振羽是西周封建说的首创者，但他从不以此居功自傲。在谈到西周封建论的主要代表人物时，他认为范文澜德高望重，从个人威望的角度，从国家政治地位的角度，都应该把范文澜的名字放在前面。对于战国封建论的首创者郭沫若，他总是用敬佩的语气称赞其在马克思主义中国历史学方面的巨大贡献，多次主张学员和历史教研室同志们好好学习郭沫若的史学著作。

在党校工作期间，他主张学术民主，为人谦和，豁达大度。他在给学员讲授中国古代史时强调，学习历史，要特别注重学近代史和现代史，尤其是近代工人运动史和党史，不能因为自己讲的是古代史，就夸大古代史的作用超越了近代史和现代史。历史教研室的同志在学术上常常有不同的看法，吕振羽从来不劝说别人一定要赞成自己的西周封建论，总是采取探讨商榷的态度，也从来不炫耀自己的观点，以自己的观点强加于人。

吕振羽邀请正在"闭门思过"的尚钺到党校为学员作关于资本主义萌芽问题的学术报告，更是展现了一个史学家博大的胸怀和宽广的胸襟。尚钺也是一位杰出的马克思主义史学家，当时因为他提出了资本主义发展的学术观点而受到不应有的批判。吕振羽虽然对尚钺所持的"魏晋封建说"不赞成，但他认为这属于学术问题，不能当做政治问题，学术问题应该百家争鸣。魏晨旭后来回忆说：这件事完全出乎尚钺的意料，当时他在学术上受到过火的批判，政治上受到不公正的待遇。当得知被邀请到中央党校授课时，他不敢相信是真的，感动得泪流满面。

吕振羽虚怀若谷，勇于接受别人的批评，对自己的研究始终秉持开放态度，一直不断地修订自己的论著和观点。1950年，柴德赓发文指出《简明中国通史》中存在的问题。吕振羽一方面说明了客观原因，即当时写作下册时连二十五史及年表之类的书报

吕振羽
革命与学术的完美结合

也找不到,仅能凭日文材料和极少数的中文书籍作参考;另一方面虚心地接受批评意见,尽可能地进行修改。他于1951年、1953年、1955年对《简明中国通史》连续作了三次修订。1959年吕振羽在中央高级党校带领研究生对此书做最后一次修订,对书中的史料和观点进行了补充和完善,修正了一些不妥的论点,比如对资本主义萌芽的界定,增加了近现代史的内容。《中国社会史诸问题》成书于1940年,1961年三联书店对此书修订再版。在再版序言中,吕振羽提道:"这本小册子,从编辑成书已有20多年……历史科学工作中的这些缺点、薄弱环节、空白与巨大的成绩比起来,也只是一个指头和九个指头之比;而从解放以前那样落后的基础来说,这些缺点、薄弱环节和空白的存在,又是很难避免的。"[1]在历史人物评价方面,吕振羽也在不断进行反思。在《简明中国通史》中,他对春秋战国时期秦国连横合众方针的策划者范雎、张仪评价不高。后来在给党校学员讲课时,他对此进行了反思:"在我的《简明中国通史》中对这几个

---

[1] 吕振羽:《中国社会史诸问题》,生活·读书·新知三联书店1961年版,第4—5页。

人所用的字眼多少带有一些挖苦性质,由于这些人搞的连横运动具有比较进步的政治内容,所以最好不要挖苦它。我这是不自觉的受传统影响带来的,希望把那些字眼改一下。"①可见,他随时保持一颗自思自省的心。

1963年初,因为莫须有的罪名,吕振羽突然被隔离审查,他在中央党校的科研教学事业就此戛然而止。在蒙冤被囚的日子里,他意志坚定,宁折不弯,在任何环境下不改变自己对历史科学性和真理性的追求,曾为刘少奇冤案秉笔直书,展现了一位马克思主义战士、一位史学大家的高尚史德和崇高人格。

吕振羽的一生,在史学研究的田野上树起了不可逾越的丰碑。在中央党校的教学实践中,他展现了诲人不倦的德业风范,永远值得我们铭记和怀念。

---

① 吕振羽:《中国历史讲稿》,人民出版社1984年版,第123页。

参考文献

1. 吉林大学社会科学研究处编:《吕振羽和中国历史学》,吉林大学出版社1996年版。

2. 吕振羽:《中国历史讲稿》,人民出版社1984年版。

3. 吴泽主编:《吕振羽史论选集》,上海人民出版社1981年版。

4. 吕振羽:《中国社会史诸问题》,生活·读书·新知三联书店1961年版。

5. 吕振羽:《孔子学术讨论中的几个问题》,《大众日报》1963年12月21日。

6. 中共中央党校文史教研室资料组编:《中国古代史讲座》上册,求实出版社1987年版。

7. 刘茂林、叶桂生:《吕振羽评传》,社会科学文献出版社1990年版。

8. 王忍之、刘海藩:《吕振羽纪念文丛》,中共中央党校出版社2002年版。

9. 张锦城、张淑凤:《吕振羽与中央党校历史教学》,《学习时报》2014年12月29日。

10. 周文玖:《感于历史使命从事历史研究——史学家吕振羽的治学之道》,《学习时报》2022年9月28日。

胡绳

在党校教学中开创近代史研究的新体系

胡绳
在党校教学中开创近代史研究的新体系

胡绳,原名项志逖,1918年1月生,江苏苏州人。15岁首次以笔名胡绳在刊物上发表文章。1934年考入北京大学哲学系。1935年9月在上海参加革命,从事党领导的文化活动和抗日救亡运动。他一面自学一面写作。1938年1月加入中国共产党,此后在武汉、襄樊(今襄阳)、重庆、香港等地参与党的文化领导机构和统一战线工作。新中国成立后,先后任政务院出版总署党组书记、人民出版社社长、中央宣传部秘书长、《学习》杂志社主编、中央马列学院第一部主任、中央政治研究室副主任、《红旗》杂志社副总编辑、中央文献研究室副主任、中央党史研究室主任、中国社会科学院院长、全国政协副主席等职。1955年6月当选中国科学院哲学社会科学学部委员。党的八大、十大至十五大代表,十二届中央委员,第一至五届全国人大代表,第四、五届全国人大常委。2000年11月因病去世。

一、成就卓著、享有盛誉的学术大师

胡绳少年早慧,崭露才华,有"神童"之称。1931年升入高中时发生九一八事变,开始接触马列著作和中共地下党的出版物。1935年9月在上海参加革命期间,一面自学一面写作,发表了大量文章。从17岁到30岁之间,发表的文章和著作多达100多万字。他的论著中,有的是结合中国实际宣传马克思主义哲学的优秀通俗读物,如《新哲学的人生观》《辩证法唯物论入门》《怎样搞通思想方法》等;有的是宣传党的理论和政治主张,批判错误思潮的思想政治评论,如对冯友兰、贺麟、钱穆等的几本著作的批评,批判蒋介石宣扬充满法西斯思想的力行哲学的《论"诚"》,批判西方法西斯主义的追随者中国战国策派的《论反理性主义的逆流》等;有的是用新观点新方法论述中国封建社会历史和中国近代历史的学术著作,如《二千年间》《帝国主义与中国政治》等。其中,《新哲学的人生观》是他的第一本书,1937年1月初版,出版当月,胡绳刚满19岁,而该书不到半年时间里出了4版,可见受欢迎的程度。《二千年间》没有按照一

胡绳
在党校教学中开创近代史研究的新体系

般历史书的编年体写法写作，而是将中国两千年历史当作一个整体，分成若干重要问题，如专制皇帝、官僚制度、土地制度、军事制度、民族问题等，进行纵向剖析，令人耳目一新。而1948年出版的《帝国主义与中国政治》，是深入揭示鸦片战争后80多年间中国政治的学术力作，以其独到的史识、对历史发展规律的深刻揭示，以及脉络清晰、富于文采而受到众多知识分子和中外史家的长久推崇。这些文字，连同他在党领导下开展的文化界多方面的统一战线工作，使他在新中国成立前的社会科学界就享有盛誉。

新中国成立到20世纪60年代中期，胡绳参加《毛泽东选集》的编辑工作，负责党的理论研究和宣传工作，参加党和国家许多重要文件的起草，参加毛泽东和党中央召集的关于重要学术理论问题的讨论，为研究、阐释和普及毛泽东思想，向干部群众进行马克思主义启蒙教育，宣传党的方针政策，付出了大量心血。1973年后逐步恢复工作。1975年被任命为国务院政治研究室负责人之一，参加毛泽东著作的整理和主管中国科学院哲学社会科学部的恢复工作。在此期间，着手写作《从鸦片战争到五四运动》一书，1981年由人民出版社出版。这部70多万字的著作，

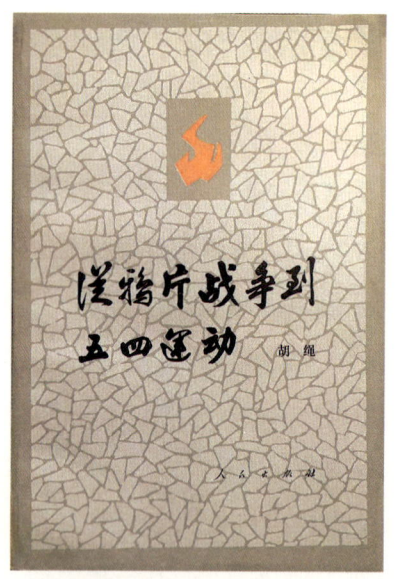

胡绳《鸦片战争到五四运动》

系统论述了鸦片战争后80年间中国社会经济结构和各个阶级的发展变化。

改革开放后，胡绳继续参与或负责党和国家许多重要文件的起草工作，包括参加起草第二个历史决议和修订新宪法，主持国内哲学社会科学的学术研讨活动，参加重要的国际学术文化交流和与中国台湾学者的交流等。他为总结历史经验，实现党的工作重点的历史性转变，宣传党的改革开放和社会主义现代化建设的方针政策发挥了重要作用。他主编的《中国共产党的七十年》，是一部具有权威性的中共党史简明读本。胡乔木为这本书写了题记，给予很高的评价。在二十世纪八九十年代，胡绳发表了一些有影响的论著，比如 1987 年的《为什么中国不能走资本主义道路》，1991 年在日本亚细亚大学的演讲《论中国的改革和开放》，1994 年的长文《什么是社会主义，如何建设社会主义？》和演讲《马克思主义是发展的理论》等。这些论文很有影响，很有深度，也很有新意，结集为《马克思主义与改革开放》，在国内外受到很高的评价。

胡绳的研究和写作有着鲜明的特点，就是注重与时代的需要、人民的需要相结合，因而能够随着时代的步伐不断前进。他酷爱读书，手不释卷，又注重理论联系实际，坚持解放思想、实事求是、独立思考、有所创新。他的作品以言之有物、分析细致、逻辑严密、说理透彻而著称。

二、在马列学院讲授中国近代史

1953 年 2 月，马列学院一部正式成立，主要教学任务是培养高等学校、党校的马列主义师资干部，招收对象是具有实际工作经验并初步系统学习过马列主义理论知识、文化水平不低于高中毕业者（主要指语文程度和史地知识）的大学助教老师或高级中学的政治课教员。在教学内容上，以中国近代史、世界近代史、马列主义基础、中共党史为必修课，在系统学习基本理论的基础上，按照各班不同要求，增加与其业务相关的党的政策、重大决定的学习，并选择与其业务有关的基本理论，集中精力深入钻研。

1953年春，为充实教学和理论研究力量，35岁的胡绳从中央宣传部秘书长任上被调到中央马列学院，担任一部主任，并参加马列学院管理委员会，直到1955年调任中央政治研究室副主任，在马列学院工作了两年多时间。到任不久，胡绳就很注意教学干部特别是青年干部的培养，并且促成了相应制度的建立。胡绳曾提议建立教研室，让青年人参加教学活动，培养教学人才，这个建议几经周折才得到采纳。1953年10月，马列学院成立了各学科教研室，胡绳兼任历史教研室主任。教研室的任务有三项：一是主管学科的全部教学工作，包括制定并实施教学计划、编写教学提纲、组织讨论、检查学习情况和考试、总结教学过程等；二是负责学科教学过程中的思想工作，及时了解学员

胡绳
在党校教学中开创近代史研究的新体系

思想情况;三是有计划地进行科学研究工作。有了教研室,组织教学、培养人才的工作就有了基本依托。

为了培养历史教研室的教师,学院聘了一位叫尼基甫洛夫的苏联专家给大家授课,中央团校和北大历史系也派人旁听。授课是讨论式的,每周事先将专家讲义印发给大家学习,然后由大家提问题,每周五下午由专家集中解答。约三四周安排课堂讨论一次,讨论的内容是所学这段历史结合一部相关马列原著,由他出题,参加学习者各领一份,三校听讲的同志都要准备所有问题,而每人又至少准备一题。讨论时,每题有三人做充分准备,谁先发言谁就是主讲,其余二人可补充和质疑,其他人再加入讨论,专家从中插话启发,讨论就深入了。1953年下半年学的是世界近代史,1954年上半年学的是世界现代史。尼基甫洛夫这种灵活的教学方式对培养教师是很有益处的。[1]

当时,艾思奇讲授社会发展史和西方哲学史,张如心讲授中共党史,世界近代史和联共党史则由苏联专家讲授,马列学院课堂上还没有一门讲授中国通史

---

[1] 周清澍:《我的同学梁从诫:求学时代》,《南方周末》2022年12月15日。

的课程。胡绳自告奋勇开设了中国近代史。为便于讲授，他编写了《中国近代史提纲》。这本4万多字的提纲，由马列学院印成小册子，成为党校历史教研室最早的中国近代史教材。为满足教学需要，1960年和1962年又进行修订，印制了《中国近代史提纲（修订本）》，这些教材传到校外，引起较大影响。

《中国近代史提纲（修订本）》这本小册子后来成为胡绳最具影响力的著作——《从鸦片战争到五四运动》的最早设计。二者结构大体一致，前者有5章20节，后者有5编27章，都围绕5个板块展开，分别为鸦片战争和太平天国农民革命运动、半殖民地半封建统治秩序的形成、维新运动和义和团运动、辛亥革命、五四运动；内容和主线上，二者都坚持用阶级斗争的表现作为划分历史分期的标志，围绕三次革命高潮这条主线，说明在帝国主义侵略中国的条件下，中国社会内部阶级斗争的发展形势。

胡绳讲授中国近代史这门课，一星期讲一次，共讲了两个学期。他的课特点鲜明。当时的学员丁伟志回忆，那时候，给我们班授课的苏联专家中有一些是具有真才实学的学者，中国教员中更有众多名家，但就学员的反应而言，最受欢迎的则首数胡绳讲的课。

胡绳
在党校教学中开创近代史研究的新体系

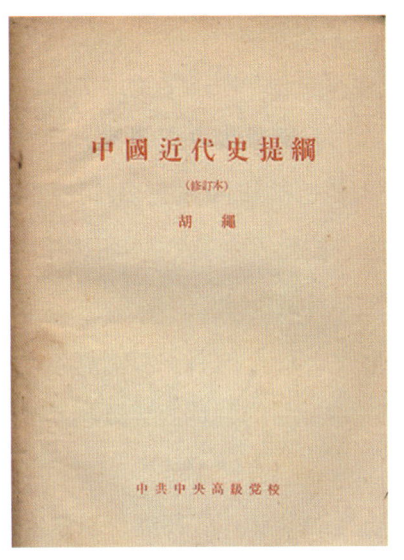

胡绳《中国近代史提纲》（修订本）

他不是演说家，声音既不洪亮，辞藻亦少修饰，既不肯故作壮声大语，更不讲究抑扬顿挫；听他讲课，简直像是在听一位长者慢声细语地叙说家常。但在他的娓娓叙述下，大家不知不觉进入了一片新颖而充满生机的开阔境界。别的老师课讲得再好，也是着重在讲"是什么"，他却是着重在讲"是什么"背后的"为什么"。他不是简单地向人们灌输知识或者宣布判断和结论，而是耐心地解剖历史事实，细致地展示他在作出判断和结论之前，是如何运用马克思主义独立分析中国实际问题。[1]

另一位当年马列学院的学员追忆说,胡绳的讲课之所以吸引人,不仅因他掌握了准确而丰富的资料,而且重要的是他紧密结合时代的需要,联系历史实际和学员的思想实际,进行各种深入的分析,结论让学员思考和讨论。他对学员是亲切的平等的,从不居高临下,不搞教训人的一言堂,即使有不对的意见,也是启发学员自己讨论解决,目的就是让学员逐步掌握历史唯物主义。

重视说理,娓娓道来,胡绳讲课是这样,写文章也是这样。他的文章说理性强,表现在对人和事总是作具体分析,说得比较周全,不简单化和绝对化,就是写批评文章也是心平气和,不是盛气凌人。金冲及回忆,有一次,胡绳讲到钱钟书曾用佛经中的一句话来评论他写的文章:"有理不在高声"。也就是说,在辩论中,重要的是把道理讲透,而不在于把嗓门提得多高。[2]

---

[1] 参见丁伟志:《思念老师》,《百年潮》2000 年第 12 期。
[2] 参见郑惠、姚鸿编:《思慕集——怀念胡绳文辑》,社会科学文献出版社 2003 年版,第 211 页。

三、形成中国近代史研究的特色体系

随着新中国的成立，中国近代史学科获得强大的发展动力，此前"单元式"或"专题式"的近代史著作已无法满足教学和科研需要，建立和完善近代史学科体系成为史学界的当务之急。1949年之前，为进行救亡图存的反帝爱国动员，中国近代史研究多以中外关系为论述中心，主要围绕侵华史、外患史、国难史、近代外交史展开。新中国成立后，不断增强的民族自豪感，使得追溯近代以来人民革命斗争历程、构建革命谱系、论证新政权的历史合法性，成为中国近代史研究的首要要求。因此，从近代中国内部寻求历史发展的根本动力，逐渐成为包括胡绳在内的相当一批马克思主义史学家的共同倾向和理论自觉。他为马列学院中国近代史教学而撰写的《中国近代史提纲（1840—1919）》，以及1954年发表的《中国近代历史的分期问题》，就是这种努力的集中体现。

他在《中国近代历史的分期问题》一文中提出了三次革命高潮的概念，这是通过分析1840年至1919年间各种社会阶级力量的发展和变化而归纳出来的。

第一次革命高潮是 1851 年至 1864 年的太平天国革命运动,由于此时中国社会内部还没有形成资本主义的生产关系,所以历史的推动力量仍只能是农民这一个阶级;第二次革命高潮是甲午战争后的戊戌维新和义和团运动,前者虽然表现得很激烈,但实质则是用从上到下的改良办法来抵制农民革命,后者是农民群众自发的反侵略斗争,二者在第二次革命高潮期间虽然并存,但完全不相关;第三次革命高潮是辛亥革命,资产阶级革命派虽然缺乏彻底的反帝国主义、反封建主义的纲领,具有先天的软弱性,但它当时不但提出了资本主义的革命理想,而且为实行革命,在一定程度上发动了工人、农民力量。因此,历史发展的动力在这个时期集中到资产阶级革命派。从以上简单叙述可以看到,在这三次革命高潮中阶级力量的配备和关系是各不相同的,这正是中国近代社会经济结构发展的不同阶段的集中反映。"三次革命高潮"的提出,实际上提供了怎样认识、说明中国近代历史发展的本质内容和基本线索的新视角,有助于深入揭示历史发展的内在脉络。这一概念提出后,引起学术界对近代史分期的一场激烈讨论,此次讨论文章收集整理成《中国近代历史分期问题讨论集》一书,1957 年由三联书店出版。

胡绳
在党校教学中开创近代史研究的新体系

胡绳指出:"正确地解决了分期问题,就是从中国近代历史的复杂的事实中找到了一条线索,循此线索即可按照发展程序把各方面的历史现象根据其本身的逻辑而串连起来。因此分期问题可以看作是解决结构问题的关键。"[①]他还提出:"要使历史研究真正渗透着马克思主义的思想力量,就要善于通过经济、政治和文化现象而表明在中国近代历史舞台上的各种社会力量的面貌和实质,它们的来历,它们的相互关系和相互斗争,它们的发展趋势。由此可见,按照中国近代史的具体特征,我们可以在基本上用阶级斗争的表现来做划分时期的标志。"[②]

以三次革命高潮作为划分时期的标准,胡绳将中国近代历史,即鸦片战争到五四运动,细分为七个时期。一是从鸦片战争到太平天国起义前,是中国由封建社会开始转变为半殖民地半封建社会时期;二是太平天国革命运动时期,围绕太平天国革命的各种斗争是这一时期的主要历史内容,也是第一次革命高潮;

---

① 《胡绳全书》第2卷,人民出版社1998年版,第155—156页。

② 《胡绳全书》第2卷,人民出版社1998年版,第159页。

三是从太平天国失败到中日甲午战争，是半殖民地半封建的社会和政治形成时期；四是中日甲午战争后到义和团失败，这一时期帝国主义列强瓜分中国危机日益严重，私营企业初步发展，促成了包括百日维新和义和团运动在内的第二次革命运动高潮；五是从《辛丑条约》订立到同盟会成立前，是资产阶级民主革命派渐次成立的时期；六是从同盟会成立到辛亥革命失败，这一时期主要是以辛亥革命为标志的第三次革命高潮；七是从辛亥革命到五四运动，是由资产阶级领导的革命过渡到无产阶级领导的革命时期。

经过激烈讨论，胡绳构建的近代史解释体系得到学术界普遍认同，"三次革命高潮"成为中国近代史学科体系中提纲挈领的核心概念及基本标志，由此构建了近代史宏观架构。此外，"三次革命高潮"被教学大纲采纳并在教科书中加以贯彻。此后，中国近代史的解释体系逐渐定型，对中国近代史研究方法、思维方式与研究课题的选择均产生覆盖性影响。[1]

有了"三次革命高潮"和"七个时期"的认识，

---

[1] 参见赵庆云：《胡绳：中国近代史研究的拓荒人》，《中国社会科学报》2021年5月25日。

胡绳
在党校教学中开创近代史研究的新体系

胡绳开始想按照这种看法写出一本书来。这本书，就是20多年之后完成的《从鸦片战争到五四运动》。由此，《从鸦片战争到五四运动》和《中国近代史提纲（1840—1919）》《中国近代历史的分期问题》，以及他在20世纪40年代末写成的《帝国主义与中国政治》，形成了中国近代史研究的一个有特色的体系，对这门学科的教学和研究产生了很大的影响。

四、主持编写第一部全国通用哲学教科书

胡绳还有一项不大为人所知的学术成就，是他负责组织和参与编写新中国第一部全国通用哲学教科书，即由艾思奇署名主编、人民出版社1961年出版的《辩证唯物主义历史唯物主义》。这是中共中央书记处决定编写的供全国高等院校和各级党校使用的哲学教科书，邓小平指定由胡绳负责。它改变了此前我国哲学教学主要采用苏联教科书的状况，深受广大哲学教学和研究工作者的欢迎，中国哲学界公认其"达到当时国内最高水平"。

这部哲学教科书1959年才开始编写，有其特定的历史背景。在此之前，我国马克思主义理论特别

是哲学和经济学的教学,深受苏联影响,在党校系统尤其如此。1949年,马列学院聘请在中央宣传部和中国人民大学工作的苏联专家传授办学经验。从1953年秋到1957年春,中央高级党校先后聘请20余位苏联专家给当时刚成立不久的一部讲课,意图把一部办成"真正的红色教授学院"[1]。当时的马列学院哲学教研室成立时间不长,还不能写出自成体系的讲义和教科书,用的都是苏联专家的讲义和教科书。在哲学教研室工作的苏联专家,被当作全校和教研室的工作顾问,他们还把苏共中央高级党校编写的《辩证唯物主义与历史唯物主义教学大纲》介绍到中国。随着中苏两党出现分歧,两国关系不断恶化,苏联撤走了全部专家,苏联的哲学教科书也就不能再继续使用,编写中国自己的马克思哲学教科书迫在眉睫。

1959年10月,中央下达了编写马克思主义哲学教科书的任务,由中宣部组织协调,中央理论小组负责具体组织工作,胡绳是中央理论小组副组长。中

---

[1] 卢国英:《智慧之路——一代哲人艾思奇》,人民出版社2006年版,第496页。

胡绳
在党校教学中开创近代史研究的新体系

央理论小组组织中央党校、北京大学、中国人民大学等6所高校编写6本哲学教科书。1960年2月，书稿全部收齐，中央理论小组召集部分编写人员和理论工作者共50余人在中央党校对书稿进行讨论，讨论会持续近两个月。4月24日，在中央党校礼堂召开审稿座谈会，胡绳在会上发言。会议认为6本书各有特点，要把6本书的优点集中起来编一本，即"陆定一"。

座谈会上提出的"陆定一"实际定于党校本，但需要组织人重写。此后，中央书记处开会决定由理论小组承担这一任务，邓小平指定由胡绳负责统编哲学教科书。1960年夏秋，中央理论小组做出调整，教科书由胡绳、艾思奇共同主持和组织编写。新组成的编写组成员以中央党校教师为主，党校除艾思奇外，还有韩树英等8位同志，此外，北京大学、中国人民大学、中国科学院哲学研究所也都有同志参与。

胡绳自始至终参加编写工作，拟出写作大纲，并提出编写原则。有同志回忆说，胡绳考虑到中央要求半年左右完成，时间紧迫，主张利用已有成果，当时已有的教材能用的就用。至于书的框架结构，用胡绳的话讲，叫"剪刀扎帐篷"，所以框架结构方面没有大的突破。经过反复酝酿、讨论，书的总体设计最终确定为绪论和上、下两篇，共16章。

胡绳还提出四条编写原则。一是教科书应具有相对稳定性，能够在较长时期内不必作很大的根本性的修改。在解释哲学原理时，着重说明经典著作中已有定论的，或是在理论界经过讨论大体取得一致意见的问题；尽量避免把一些学术争论写进来。二是要求比较准确、简练地阐明马克思主义哲学的一般原理，并论述毛泽东对马克思主义哲学的发展。三是明确教科书的对象，编写的这本哲学教科书应该适应它的读者对象。四是在编写过程中应贯彻百家争鸣的原则，各种不同意见都可发表，最后尽量形成统一的认识。这四条原则，充分遵循教科书的编写规律，把握了教科书的特征，保证了教科书的稳定性和准确性。

具体编写时，大体四人一组合写一章，写出了初稿就全体讨论提出修改意见，然后再着手下一轮。有同志回忆说，胡绳从头至尾参加了集体讨论和修改，讨论时胡绳有个习惯：一段一段念，一段一段议。议论时大家对每句话都做推敲，边读边议，逐章通过。历时9个月，教科书初稿才完成。在指导编写过程中，胡绳提出了一些新认识新提法，如唯物主义和唯心主义的斗争、形而上学和辩证法的斗争，这两者之间有何关系，以前的教科书没有论述过。他首次提出唯物主义和唯心主义的斗争交错着形而上学和辩证法的斗争。

1961年夏，胡绳主持召开终审定稿会。根据他的安排，集体讨论，逐段通读，一段读完，胡绳和艾思奇问大家有无意见，没有意见就通过，小的文字上的提法问题当场定，个别段落需要重写的拿出来修改再讨论。整整花了半个月才完成审稿工作。审稿结束后，在一次会上讨论署名问题，胡绳说自己不是专门搞哲学的，编写这本书，党校教师是主力，主编就是艾思奇一人，不要挂他的名。如果要提到他，就说他参加了顾问性质的工作，就这样定了。

五、坚持论从史出、史论结合

胡绳有着深厚的哲学功底，早年间发表过很多马克思主义哲学著作，为马克思主义哲学大众化作出了重要贡献。正是由于由哲学转入史学的治学路径，胡绳的历史研究有着强烈的理论意识和深入的理论剖析。他的诸多史学著述，往往并不以考证史实见长，而以史论高明、分析透辟为人称道。

史论关系是史学界高度关注的重要理论问题之一，也是马克思主义史学方法论必须要解决的基本原则问题之一。"史"，是指史料、史实；"论"是指理论、议论，即观点、论点。新中国成立初期，受旧史学重史料考据、轻理论倾向的影响，很多史学家在史料上一般都有比较坚实的功底，但对马克思主义理论却所知甚少。所以，如何在研究中体现马克思主义理论的指导，这一问题曾给不少学者带来困扰，逐渐滋生出一种简单化和教条主义的重论轻史倾向，甚至产生"以论带史"的偏颇做法。许多史学家批评了重史轻论的倾向，也批判了重论轻史的倾向，主张史论结合。胡绳正是主张史论结合的代表人物。他在1955年的一次中国近代史讲座中提到，所谓科学地研究历史，就是要把过去发生过的繁杂丰富的历史事件、历史事实加以整理，从这些丰富的历史现象中找出那些可以说明历史过程的根本东西，发现历史发展中的规律性，去说明历史为什么这样发展下来。可以看出，他主张历史研究并不是简单地罗列历史事实，而是充分运用已有材料展开分析，将道理讲清楚，揭示历史

胡绳
在党校教学中开创近代史研究的新体系

发展中的本质规律,以理服人,做到论从史出、史论结合。

论从史出是一种概括、抽象的研究方法。在胡绳看来,要做到论从史出,就必须"搜集许多历史材料,加以分析,看哪些材料、事情、条件是偶然的、非本质的东西,不是根本的东西,那么就把这种东西排除掉;把偶然的和必然的区别开来,把根本的和非根本的区别开来,这样,就找到历史发展中最根本的、最本质的东西,看到决定历史发展的主要潮流"[1]。史论结合则更多的是指叙述方式方法,是指在"论从史出"的基础上,使错杂的历史现象井然有序地展现出来,即以规律性的认识来统率具体材料,来决定对史料的取舍和对史实叙述的详略,否则这些规律就不能落到实处,历史就会变成干巴巴的抽象概念。

胡绳正是做到了在讲述历史事件时,把规律性的认识和客观事实的复杂多样的形态很好地结合起来,寓议论于流畅、生动的叙述之中,因而既具有深刻的思想内涵,又具有引人入胜的可读性。如《中国近代

---

[1] 《胡绳全书》第2卷,人民出版社1998年版,第211页。

史提纲》一书中，他在罗列第一次鸦片战争后签订的各种条约后，指出"在这些条约中确立了关税协定、领事裁判权和所谓'最惠国'待遇的恶劣制度，由此还开创了在通商口岸成立所谓'租界'的制度，并使外国传教士得在中国自由活动。——使中国沦为半殖民地的各种制度在这些条约中初步奠定基础"[1]。胡绳从这些看似繁多的条约中，分析出最根本的是这些恶劣制度，导致中国开始沦为半殖民地。胡绳这种史论交融的论述方法，总结出历史发展的本质，真正做到了论从史出、史论结合，这也是胡绳史学著作的最大特色。20世纪50年代曾有人评价胡绳的论著：他用的也是那些材料，但写出来的东西就是不一样，深刻，有味道！

---

[1] 《胡绳全书》第5卷，人民出版社1998年版，第437页。

胡绳
在党校教学中开创近代史研究的新体系

参考文献

1.《胡绳全书》第2卷、第5卷,人民出版社1998年版。

2. 胡绳:《中国近代史提纲(修订本)》,中共中央高级党校1960年版。

3. 石仲泉:《大师是怎样炼成的——石仲泉谈胡绳》,广西人民出版社2022年版。

4. 郑惠、姚鸿编:《思慕集——怀念胡绳文辑》,社会科学文献出版社2003年版。

5. 郑惠:《程门立雪忆胡绳》,中央民族大学出版社2003年版。

6. 赵庆云:《"三次革命高潮"解析》,《近代史研究》2010年第6期。

7. 丁伟志:《思念老师》,《百年潮》2000年第12期。

8. 胡为雄:《新中国第一本马克思主义哲学教科书的编写及其经验》,《毛泽东邓小平理论研究》2007年第5期。

黄松龄

大胆思考社会主义本质的理论先驱

黄松龄
大胆思考社会主义本质的理论先驱

黄松龄，1898年生，原名黄克谦，湖北石首人。1915年考入北平中央法政专门学校，在1919年五四运动中被推为该校学生代表，筹备和领导运动。1924年初东渡日本，入明治大学读研究生，其间加入中国共产主义青年团并转为中共党员，同时加入国民党，为国民党东京总部三常委之一，并任中华留日学生会总干事。1926年初回国，到黄埔军校任政治教官。大革命失败后，任中共湖北省委宣传部秘书兼省委机关报《大江》主编，江西省委秘书长兼宣传部长。1928年5月被捕入狱，1930年春被营救出狱后到北平，先后在朝阳大学、中国大学、北京师范大学任教，在利用合法讲坛传播革命理论的同时，还进行大量革命活动。1935年在北方局领导下，利用中国大学经济系主任身份组织进步学生成立"大学生救国会"，推动了一二·九学生运动的爆发。1940年11月到达延安，先后任中央财政经济部指导员，中央党务研究室财经组组长，被选为陕甘宁边区参议员。

1947年1月任晋冀鲁豫中央局财经办事处研究室主任兼北方大学财经学院院长。1949年1月天津解放后，任市委宣传部部长兼市军管会文教部长，新华社天津分社社长和天津日报社社长等职。1953年初调任高教部第一副部长。1955年6月当选中国科学院哲学社会科学学部委员。1960年10月至1964年7月任中央高级党校经济学教研室顾问，兼国家计委委员、中国人民大学副校长。曾任中共七大、八大代表，一、二届全国政协委员，一、二、三届全国人大代表。1972年11月去世。

一、结合革命实践研究中国现实经济问题

黄松龄对经济学理论的兴趣，是从中央法政专门学校时期就培养起来的。1920年春，他结识恽代英、林育南等人，受他们影响大量研读进步书刊，比如《共产党宣言》《雇佣劳动与资本》《工资、价格和利润》《马克思主义经济学原理》《通俗资本论》等。留日回国后到黄埔军校任教，讲授新三民主义和帝国主义侵略中国史课程，开始研究中国政治经济理论和现实问题。1927年4月，到毛泽东主持的武汉中央

黄松龄
大胆思考社会主义本质的理论先驱

农民运动讲习所，讲授农民土地问题。大革命失败后，黄松龄开始做党的一些实际工作。1930年8月应聘北平的朝阳大学，由此开始了他的"红色教授"生涯。

1934年至1937年，黄松龄接替李达担任中国大学经济系主任。他讲授"农民土地问题"，论证土地革命的重要性；讲授"中国经济问题"，论证中国社会的经济特点；讲授《经济史》，批判曲解"亚细亚生产方式"的"亚细亚发展特殊论"；讲授"经济地理"，批评"地理环境决定论"；等等。他学识渊博，理论精深，语言生动、引人入胜，深得学生爱戴，在京津地区影响很大，被誉为十大教授之一。这期间，他组织和指导进步学生进行社会调查，了解劳资关系，建立"土地问题研究会"，深入研究中国土地革命的性质和意义。他还积极倡导并组织学生开展社会经济调查，以"增加经济研究资料"。七七事变后，黄松龄到武汉开展救亡活动，倡导建立了"湖北乡村工作促进会"，办了《战时乡村》刊物。1938年6月再回南迁的朝阳大学教书，继续进行革命活动。

1940年11月根据组织安排黄松龄到达延安，在中央财政经济部当指导员的主要任务，是研究各根据地的财政状况,给中央提建议。他结合三五九旅开发南泥湾的经验,向中央提出解决陕甘宁边区12万脱产人员自给问题的意见。在做好研究的同时,他还对边区政府的财经工作干部和青年讲授政治经济学,进行财经基础知识宣传教育。他还根据毛泽东的新民主主义理论,着手系统研究新民主主义的经济,写出《论新民主主义经济》的提纲,后因病而搁置。党的七大后,他被调任至中央党务研究室任财经组组长,为中央起草有关政策指示。1947年1月任晋冀鲁豫中央局财经办事处研究室主任兼北方大学财经学院院长。1948年1月任边区政府审检厅副厅长,负责审核检查各财经部门及所属企业的财务收支和经营管理情况。他用半年时间,带队住进重点工厂,对企业中的生产关系、生产力组织、经营管理和工农关系等进行典型调查,获得了大量第一手资料,为中央写了两份长篇报告,一篇是关于劳动工资方面的,另一篇是关于企业方向和经营管理方面的。

　　黄松龄运用马克思主义立场观点方法,对中国现实经济问题进行了深入分析,得出的科学结论对于现实有很强的指导意义。遗憾的是,他长期处在白色恐怖和战乱的特殊环境里,加上身体原因,未能

黄松龄
大胆思考社会主义本质的理论先驱

有专门的著作正式出版。因此，他是第一批中国科学院哲学社会科学学部委员中极少没有著书立说的学者之一。

在天津市和教育部期间，黄松龄在具体工作中接触到更多社会发展中出现的新问题，强烈意识到经济问题是社会发展的根本问题。党的八大后，黄松龄开始考虑辞去行政领导工作，专心从事经济理论研究。他作为一名较早接触马克思主义经济理论的老党员，曾对子女说，自己解放后不应该做"官"，如果一直坚持研究工作、做学问就好了，也许对经济建设的贡献能更大一些。他1960年辞去高教部职务，10月任中央高级党校政治经济学教研室顾问。

二、专门从事理论研究的岁月

黄松龄到中央党校专门从事理论研究，源自他既是革命家又是学者的双重性格。他的前半生，为了革命需要，中断了学业和理论研究，去做党需要的实际工作。新中国成立后被推上新中国教育事业的领导岗位，也未能坐下来从事自己所喜爱的理论研究工作。

在高教部期间，1959年，他到河南、湖北和湖南进行工作调研，了解了基层的一些情况，对大炼钢铁造成的惊人浪费十分痛心，对"大跃进"中不讲经济效果十分不安，对人民公社化运动中发生的一平二调共产风异常焦灼，回京后向中央写了书面报告，谈了自己的看法。1960年春，在一次讨论编写政治经济学社会主义部分的教科书座谈会上，他针对当时在编写过程中所反映的急于过渡的错误倾向提出批评说："编者们正确的批评了把社会主义定型化而忽视发展的错误观点的同时，似乎不自觉的又走到另一个极端，即不敢谈社会主义有一定时期的稳定性，是从资本主义到共产主义的必经的阶段，这个阶段应有既不同于资本主义又不同于共产主义的历史特征和历史任务"，"如果抹煞了社会主义社会具有特定质的规定性，就会使人们在认识上混淆了社会主义社会与共产主义、资本主义两个社会的界限。"[1]

到中央党校工作，他能够把全部精力投身理论

---

[1] 天津社会科学院经济研究所、中共中央党校政治经济学教研室编选：《黄松龄社会主义经济问题遗稿》，天津人民出版社1980年版，第3页。

黄松龄
大胆思考社会主义本质的理论先驱

研究，投身对现实经济问题的研究和教学工作，这是他的愿望。他把这作为自己对社会主义事业作出更有意义的贡献的新起点，心甘情愿把晚年献给马克思主义理论研究工作。上任伊始，他就提出：党校的政经室应该成为党的坚强的理论阵地，成为党中央了解情况、制定经济政策的耳目和助手。他不担任行政领导职务，而是对现实经济问题进行了深入大胆的研究。

1961年3月，他积极响应党中央关于1961年要成为实事求是年、调研研究年的号召，与杨献珍一起，带领中央党校理论工作者，深入陕西临潼了解农村情况。通过一个月的调查，对农村人民公社中存在的平、调、瞎、统的危害深感忧虑。之后又用两个月时间，遍访西北、内蒙古的新兴工业城市，参观工厂，组织座谈，全面细致地了解工矿企业生产发展情况。在不到3年的时间，他先后走了近10个省，是他一生中所进行的最大规模的社会调查。他获得了大量第一手的生动资料，了解了社会生活中的各种真实情况，为他之后的社会主义经济研究提供了丰富的感性材料和数据支持。回京后，对经济工作中造成的错误和损失，提出了中肯而深刻的批评。他指出，"赶英超美"此类口号是脱离实际的空想,马克思主义使社会主义从空想到科学,我们这几年搞的却是从科学到空想。

黄松龄在党校工作期间着重于经济学科研工作,对社会主义经济问题的集中研究虽然只有短短 4 年时间,但他的研究富有远见,对社会主义经济改革与发展提出许多创新性建议,也对中央党校社会主义经济学科的发展作出了开创性的贡献。这期间,他相继写下一批独具真知灼见的研究文稿,可惜大多数在 1964 年他再次受到批判后散失了。直到 1980 年他去世 8

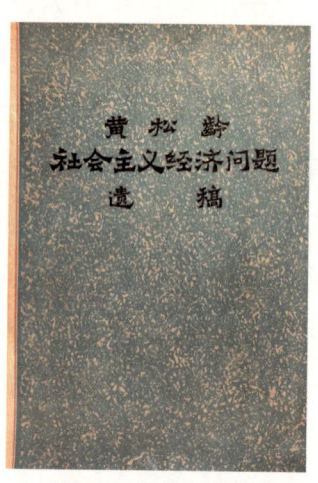

黄松龄《黄松龄社会主义经济问题遗稿》,天津人民出版社 1980 年版

黄松龄
大胆思考社会主义本质的理论先驱

年后，历经浩劫而幸存的 9 篇文稿被编为《黄松龄社会主义经济问题遗稿》出版。

黄松龄的研究工作不畏上，不唯书。在充分调查研究的基础上，他对中国农业的特殊性作了系统归纳，直言不讳指出 1958 年的"大跃进"和人民公社化运动出现失误的原因，在于对"资本主义、社会主义和共产主义"的关系与界限混淆不清。他提出，几百年来资本主义社会生产力发展的历史说明，生产力的大发展是在一定的物质基础上实现的。发挥主观能动性要掌握好"度"，如果跑得太快，动辄讲"翻番"，就会难以为继，造成整个社会生产的混乱。如果脱离了现实基础，就会违反经济规律，"跃上去也会退下来"。

黄松龄指出"大跃进"和"人民公社"的失误，在当时是冒着极大的政治风险的。但对党、对人民忠诚，一生只唯实的他，全然不顾这些，继续坚持紧密结合中国国情进行经济理论研究。他认为仅仅读《资本论》、苏联的《政治经济学》和斯大林的《社会主义经济问题》已经远远不够用，应该总结我国十年革命和建设经验，尝试建立具有中国特色和符合实际需要的社会主义政治经济学体系。

三、对"什么是社会主义"的理论分析

1956年，我国对生产资料私有制的社会主义改造基本完成后，进入了社会主义社会。但对于如何从人口多，农民占人口的80%，生产力水平低且发展极不平衡等国情出发，建立中国自己的社会主义模式方面，注意和研究得不够，而是照搬苏联模式，特别是强调社会主义社会的过渡性，搞生产关系的不断变革，急于向共产主义过渡，轻率发动了"大跃进"和农村人民公社化运动，使国民经济发展受到严挫折。

黄松龄很注意从理论上来总结中国社会主义建设中的经验教训。他指出："在从资本主义向共产主义的过渡中，如果看不到或者不承认社会主义有其自身的特有的因素，其后果就会既混淆社会主义同资本主义之间的区别，又划不清社会主义同共产主义之间的界限。就会把一些本身是社会主义性质的因素，把一些带有资本主义痕迹和形式，但其内容已经改变得适合社会主义需要的东西，自觉或不自觉地当作资本主义因素来对待，过急地在条件还不成熟时就要予以废除；又把共产主义因素盲目扩大，不顾条件地要求迅速推

黄松龄
大胆思考社会主义本质的理论先驱

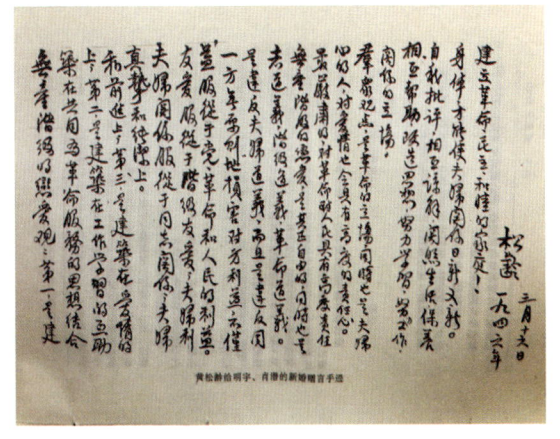

黄松龄手稿

广。无论前者或后者，都会带来祸害。"①

当时，除了在中央党校轮训班讲授经济学课程，黄松龄也在天津市、中央有关部门和中国人民大学做过演讲。他数次以"什么是社会主义"为题，深入剖析如何正确认识和对待社会主义社会的本质问题。他从生产关系上来看待社会主义，认为社会主义生产关系的基本内容与特点，"概括起来是：生产资料的公有制（在一个相当长的历史时期内，公有制

---

① 天津社会科学院经济研究所、中共中央党校政治经济学教研室编选：《黄松龄社会主义经济问题遗稿》，天津人民出版社1980年版，第20页。

又具有全民所有和集体所有两种形式）；人与人之间已摆脱了阶级剥削和阶级压迫的关系，相互间建立了劳动平等、分工协作的关系。在个人消费品的分配方面，实行'各尽所能，按劳分配'的原则，同时，已有了按需分配的某些因素。在流通领域，还通行着等价交换的原则，等等。"[1]这几点，对于肯定社会主义生产关系的基本特点，反对有些人把集体所有制、按劳分配、等价交换说成是资本主义的东西，这在当时是难能可贵的，也是有积极意义的。尤其是，他提出社会主义经济是建立在按劳分配和等价交换的基础上，既不同于资本主义，也不同于共产主义，准确抓住了社会主义经济的根本特征，在中国社会主义经济思想史上属首例。那时虽讲按劳分配，却把等价交换看作资本主义，黄松龄大胆把等价交换看作社会主义本质特征，突出等价交换在社会主义经济中的重要地位，说明他那时就已经对社会主义经济的本质有了深入的思考。

---

[1] 天津社会科学院经济研究所、中共中央党校政治经济学教研室编选：《黄松龄社会主义经济问题遗稿》，天津人民出版社1980年版，第56页。

黄松龄
大胆思考社会主义本质的理论先驱

黄松龄认为，从资本主义向共产主义过渡，是一个长期的发展过程，完成这个过程，必须经过许多中间环节，采取多种过渡形式，经过几个互相联系而又互相区别的阶段。具体而言，"大体上需要经过三个阶段（或过程）：从资本主义进到不完全的社会主义；从不完全的社会主义进到完全的社会主义；从完全的社会主义进到完全的共产主义。"[①]他认为，"社会主义革命前经济发展落后的国家，在经济方面改造的任务就更加艰巨，过渡的形式也就越加多样复杂"。他提出，各国在社会主义革命和建设中，都有其一定的特点，但都必须遵循对一切国家都普遍适用的共同规律。

黄松龄在分析"什么是社会主义"时，运用辩证比较法。从社会主义内部和人类社会前后联系中分析，使他能够全面、辩证、历史地看问题，没有空话套话，逻辑严谨且自成体系。他还认为，社会主义对资本主义不能采取简单笼统一概否定的办法，

---

① 天津社会科学院经济研究所、中共中央党校政治经济学教研室编选：《黄松龄社会主义经济问题遗稿》，天津人民出版社1980年版，第22页。

而应该区别对待。他认为，凡是对社会主义有用的东西，都需要加以利用。具体而言，"资产阶级所用以管理生产和经营企业的一套经验、方法、制度，其中反映生产技术、经营管理等方面的客观过程"的部分，是对社会主义有用而仍然要加以保留的。他进一步指出，社会主义与资本主义、共产主义有些东西是可以结合的，"共产主义的思想，社会主义的制度，资本主义管理经济的方法，这三者结合得好，才能搞好社会主义经济建设"[①]。他讲到"把一些带有资本主义痕迹和形式，但其内容已经改变得适合社会主义"的东西用好了，更能发挥社会主义的优越性。他还根据现实经济情况，尖锐提出社会主义也同样会发生经济危机的理论。应该说，这些思想在当时是石破天惊的。

四、深入研究社会主义现实经济问题

鉴于农业问题在我国社会主义建设中处于极为重

---

① 韦町：《世上有真情——黄松龄与郭淑贞》，红旗出版社1995年版，第352页。

黄松龄
大胆思考社会主义本质的理论先驱

要的地位,黄松龄特别重视对农业问题的研究。他从青年时代就对苏联和中国的农村、农民以及土地问题进行过许多研究,长期主讲农民土地问题理论。从20世纪50年代末,他花相当多的精力和时间,系统研究马克思主义经典作家关于农业和农民土地问题的著作,对中国和苏联的农村问题做过很多探索,做了几十万字的读书笔记。同时,对我国农业的历史、现状和发展方向,进行认真的研究与探讨。1961年,黄松龄撰文《当前农业的发展方向》,详细分析了农业发展的现状和问题。1962年,他在一次外出讲座时更是提出对农业生产发展的许多方向性建议。在农业发展方向上,他强调粮食是基础的基础,是农业发展的中心,是全国人民的切身利益所在。我国人多地少,不能一味追求高水平机械化,而应将机械化和精耕细作相结合、将提高劳动生产率和提高单位产量相结合。

黄松龄提出,发展多种经营,才能使农林牧副渔各种产业互相促进,共同提高。他讲到发展农业不能孤立地发展粮食生产,孤立地抓粮食生产是不会有很大的产量提高的,必须改变农业结构。只注重粮食生产是不会实现人民富裕的。粮食是基本生活资料,价格受国家管控不可能定得很高,农民生产粮食的所得收入也就不会太高，只有多种经营才能提高收入，也为改善人民生活提供更为丰富的农副产品，满足人们的营养需要。他在《当前农业的发展方向》一文的最后写道："农、林、牧、副、渔，是相互依赖，相互促进和发展的。其中特别要注意农牧结合和农林结合，这是改变我国农业结构和人民生活结构的重大战略性问题。它不仅是发展当前农业经济的必由之路，而且也是造福于子孙后代的百年大计，必须引起我们足够的重视。农牧结合、农林结合、六畜兴旺、五谷丰登，青山绿水、柳暗花明，加上机械化、电气化的实现，这就是社会主义新农村的前景。"[1]

黄松龄认为，工农结合是社会主义农业发展的方向，实现工农结合，农业为基础，工业为主导，基本就可以解决城乡结合的问题。农村的工业发展，就会自然带动周边进而形成小集镇、小城市，便于逐步消灭城乡差距。他还主张贯彻按劳分配，反对平均主义；主张乡政府和公社职能分离，承认生产队的一定生产权等。

---

[1] 天津社会科学院经济研究所、中共中央党校政治经济学教研室编选：《黄松龄社会主义经济问题遗稿》，天津人民出版社1980年版，第167页。

黄松龄
大胆思考社会主义本质的理论先驱

对当时片面发展重工业和盲目追求高积累的错误，黄松龄已有比较正确的认识。1961年，他撰写《社会主义国民经济有计划按比例发展》一文，强调了农、轻、重三者的比例关系。他提出，如果农业的发展严重落后于工业的发展，不仅会影响社会主义国民经济的发展，而且必然会影响到等价交换、按劳分配等原则的实现，影响工农联盟的巩固。他还提出，社会主义经济应遵守先消费后积累的原则，积累的最终目的是为了消费，以保证劳动者的原有生活水平不降低为前提。绝不应该把消费看作是消极的物质资料的消耗，还应该把消费看作为扩大再生产过程中必不可少的条件。适当提高消费数额并不一定是提高消费所占的比重，只要消费和积累额是同比例增长即可。他认为，社会主义发展生产的目的，是满足整个社会和广大劳动人民的需要。生产资料优先增长，是实现这一目的的手段。发展消费资料的生产，才是目的的本身。因此，生产资料生产必须服从于发展消费资料的生产，以个人消费为依据。

黄松龄在20世纪60年代初就提出了一些有关经济改革的思想。比如，针对农业生产，他主张要两条腿走路，既要发挥集体经济的积极性，也要发挥个体经营的积极性，包产到户、单干等办法是可以研究的。再比如，针对经济生活中统得过死的做法，他主张一类物资市场应当开放，搞点类似"新经济政策"那样的办法。又比如，在政企关系上，他主张行政与企业应该分开，应该搞点托拉斯来经营，从计算成本到出成品，建立起一套经营管理制度。供、产、销等环节越少越好。还比如，他强调计划必须重视经济效果，不讲效果就会造成惊人的浪费。为了弥补计划之不足，还必须广泛签订企业之间的经济合同，因为企业之间广泛联系，完全靠国家计划来组织，是十分困难的，甚至是不可能的。这些关于经济改革的思想虽然是零星的，带有萌芽的性质，但在新中国刚开始进行社会主义建设的探索之际就提出来，是需要极大理论勇气的，也彰显了黄松龄的远见卓识。一位经济学家读了黄松龄的遗稿后说：我看现代经济学的发明权，应该属于黄松龄。这样的评价是有道理的。

五、一生与人为善、光明磊落

黄松龄的一生历经革命、抗战、建设事业，有着丰富的斗争经验，深厚的理论功底和独到的问题眼

黄松龄
大胆思考社会主义本质的理论先驱

光,可以说革命家、教育家、学者兼于一身。黄松龄的秘书李鑫回忆道:他一生从事过那样长期的艰苦的革命活动,参加过那样多重大的革命斗争,但他从不对人言,连他的亲属和长期同他一道工作的同志也不知情。

黄松龄在天津工作期间,与许多知识分子、教育界人士相识相熟,始终抱着团结初心,曾经与同他共事的同志都亲切地称呼他"黄老"。有同志评价黄松龄一生光明正大,谦虚谨慎,从不摆老资格、摆官架子,不计较名利;待人宽厚诚恳,平易近人。还有同志撰文纪念黄松龄,讲到他注意领导干部的学习,经常亲自主持召开干部大型讨论会,让大家各抒己见,自由争论,学习空气生动活泼。黄松龄讲课引经据典,知识非常渊博,妙趣横生,很有风趣,令人神往。

黄松龄善于运用批评和自我批评。他从不整人,对个别同志的不正确观点或者不正派的作风,他是摆到桌面上来批评的,从不姑息迁就,不怕得罪人。他自己光明磊落,对人态度公正。他的批评总是与人为善,真正教育人、帮助人。他检查和总结工作,总是多做自我批评。工作上出了问题,他从不诿过于人,而是主动承担责任。他光明磊落、以身作则、言传身教,用自己的模范行为带动干部勤奋工作,对待批评冷静听取,然后实事求是分析,正确的就接受,不正确的就做说明请大家共同探讨。

黄松龄对一切违反党的原则的不正之风坚决抵制,毫不妥协。他坚决反对搞特殊化,不允许破坏政策的严肃性。他的堂侄黄开一退职后,向他请托安排工作,遭到黄松龄严词拒绝;家乡的一个叔伯哥哥在解放后来寻黄松龄,当他得知这人在家乡有案底后,便作出"立即逮捕归案"的批示,以致在乡亲间落了个"六亲不认"的名声。

黄松龄
大胆思考社会主义本质的理论先驱

参考文献

1. 中共中央党校编:《中共中央党校校史文献史料选编》,中共中央党校出版社2013年版。

2. 刘海藩、朱满良主编:《中共中央党校名师》第1卷,中共中央党校出版社2002年版。

3. 天津社会科学院经济研究所、中共中央党校政治经济学教研室编选:《黄松龄社会主义经济问题遗稿》,天津人民出版社1980年版。

4. 韦町:《世上有真情——黄松龄与郭淑贞》,红旗出版社1995年版。

5. 石家梅:《黄松龄》,《经济学动态》1980年第7期。

后 记

1955年6月,中国科学院哲学社会科学部遴选出61位学部委员,他们在相当程度上代表了新中国成立之初我国哲学社会科学的最高水平,称这61位学部委员为"学术大师",应该是公允的。

这61位学部委员中,在中央党校有过工作经历的至少有12位。其中,杨献珍、冯定、胡绳、艾思奇、郭大力、张如心分别是当时马列学院(不久即改名为中央高级党校)的院长、一分院第一副院长、一部主任、哲学教研室主任、政治经济学教研室主任、中共党史教研室主任。而王学文延安时期就在中央党校和马列学院工作过,当时虽已在中宣部工作,但还在马列学院授课。吕振羽1942年至抗战胜利曾在中央党校工作,1959年至1963年初担任中央党校历史学教授

后 记

兼历史教研室顾问。范文澜、尹达曾在延安时期的马列学院分别担任过副院长兼历史研究室主任、历史研究室研究员。何其芳曾于1948年11月至1953年2月任马列学院国文教员、语文教研室主任。黄松龄则在1960年10月至1964年7月任中央党校经济学教研室顾问。中央党校的教员队伍人才济济，群星璀璨，他们就是其中的杰出代表。

2023年是中央党校建校90周年。90年的中央党校一路走来，为党培养了大批领导干部，在坚持党的思想路线、推进党的理论创新中作出了重要贡献，为推动党和国家事业发展发挥了重要作用。今天的中央党校，保持着建校立校的初心，传承着老一代党校人的精气神，展现着新时代的担当作为，青春焕发，风华正茂。这之中，学术大师们在这里的传道授业和学术创造，成为中央党校历史发展的有机组成部分，凝练出它的深刻和厚重，标注着它的高度和深度。在庆祝中央党校建校90周年之际，回望学术大师们的业绩和行状，追慕他们的治学态度和高尚品格，对于提高新时代党校工作水平，无疑有着重要的启迪意义。

围绕"学术大师与中央党校"这样一个主题，半年多来，科研部几位同道在浩瀚的文献典籍里，小心翼翼地探循着大师们走过的足迹，从延安宝塔山下到北京掠燕湖畔，从党校课堂记录到报刊文章、学术论著，努力勾画大师们在党校的学术研究探索、成果，对党校学科建设的深远影响；努力还原大师们在党校讲课授业，对党员干部、理论工作者产生的思想力量；努力呈现大师们的为学风范，对教研人员和党校学风的引领。虽然受获取资料和能力的限制，无法一一准确描绘大师们的精彩卓绝，但也希望能尽量重现他们在中央党校历史上的刹那芳华。书中所列各篇，以各位学术大师到中央党校（包括延安时期的马列学院）工作时间先后为序。

初稿的分工是：张如心、吕振羽（杜蕾），冯定、何其芳（杨大志），艾思奇（娄季芳），郭大力、黄松龄（张昕樱），杨献珍、王学文（田玉珏），范文澜、胡绳（严建萍），尹达（滕飞）。郑权负责统筹统稿，林振义修改定稿。感谢中央党校（国家行政学院）办公厅、图书和文化馆在收集资料阶段给予的便利和协助，使部分珍贵的馆藏资料得以首次公开。也感谢中央党校（国家行政学院）报刊社，允准部分稿件在《学习时报》先期摘要刊发。感谢中共中央党校出版社的鼎力支持，他们为编辑此书付出了很多心血。

后 记

片言以待来者,一脉能继斯文。九十载岁月悠悠,光阴荏苒,万千栋梁。谨以此书,作为中央党校建校 90 周年的献礼,也是对各位学术大师的诚挚缅怀。

林振义

2023 年 2 月